시인, 시를 말하다
the Poet says

[about Thoth Aphorism]

'토트 아포리즘'은 문학과 철학, 예술 등 분야별 거장들의 명구를 담은 잠언집입니다. '인생은 짧고 예술은 길다'는 히포크라테스의 경구처럼 가장 짧은 문장으로 가장 긴 울림을 주는 촌철살인의 기지! 간결하면서도 강렬한 아포리즘의 영감들이 여러분의 창의성을 불꽃처럼 빛나게 해줄 것입니다.

엮은이 고두현

1993년 〈중앙일보〉 신춘문예에 시 「유배시첩—남해 가는 길」 당선으로 등단했다. 시집으로 『늦게 온 소포』, 『물미해안에서 보내는 편지』를 펴냈으며, 제10회 시와시학 젊은시인상을 수상했다. 1988년 〈한국경제신문〉 입사 후 주로 문화부에서 문학·출판 분야를 담당했다. 프랑스 파리로 1년간 언론인 해외연수를 다녀왔으며, 문화부장을 지낸 뒤 현재 논설위원으로 일하고 있다. KBS와 MBC, SBS 라디오 문화 프로그램에서 책 관련 코너를 오래 진행했다. 저서로 『시 읽는 CEO』, 『옛 시 읽는 CEO』, 『미래 10년 독서 1, 2』, 『독서가 행복한 회사』 등이 있고, 『곡선이 이긴다』를 공저했다.

시인, 시를 말하다

고두현 엮음

the
Poet
says

P

| 서문 |

국문과에 들어가서 맨 처음 배운 건 시詩보다 막걸리였습니다. 캠퍼스 안에 월영지月影池라는 연못이 있는데, 신라시대 명문장가 최치원 선생의 명명命名을 땄으니 아주 운치가 있는 곳이었지요. '달그림자 연못'이라……. 그곳에서 꽃잎 날리는 봄 정취에 취해 막걸리 시회詩會를 열곤 했습니다. 시가 무엇인지도 모르고, 습작노트가 술에 젖는 줄도 모르고 얼치기 시인을 흉내 내던 그런 시절이었지요.

그런데 등단한 지 20년이 넘은 지금도 시가 뭔지 알 수가 없습니다. 도대체 시란 무엇일까요. 수많은 문학청년들을 불면의 밤으로 몰아넣고, 뛰어난 시인들조차 시마詩魔의 덫에 옭아매는 그것…….

문인들뿐만이 아닙니다. '애플 신화'의 스티브 잡스에게 번뜩이는 영감을 준 것도 시였습니다. 그는 아이디어가 떠오르지 않을 때마다 영국 시인 윌리엄 블레이크의 시집을 펼쳤지요.

시인 파블로 네루다는 '세상에서 가장 어리석은 일은 시를 정의하는 일'이라고 했습니다. 그러나 유사 이래 수많은 시인들이 이처럼 '어리석은 일'을 숱하게 반복해왔지요. 아리스토텔레스는 '시는 운율적 언어에 의한 모방'이라 했고, 아우구스티누스는 '시는 악마의 술'이라고 했습니다. 영국 극작가 콩그리브는 '시는 모든 예술의 장녀이며 대부분의 사람들의 양친'이라고 했지요.

공자가 '시 삼백 편의 의미를 한마디로 말한다면 생각에 사악함이 없다는 것'이라고 설명했지만 그 의미를 다 알기 어렵습니다. 그의 제자 자하가 '마음 안에 있으면 뜻이 되고 말로 나타내면 시가 된다'고 말한 것도 마찬가지입니다.

그래서 시를 정의한 글을 만나면 밑줄을 긋거나 옮겨 적는 버릇이 생겼습니다. 고대부터 현대까지 동서양 시인들의 명언들을 하나씩 읽을 때마다 새로운 감흥에 전율했습니다.

우리나라 시인들의 감각적인 표현은 또 얼마나 좋은지요. 문예지나 시집, 단행본 등에서 빛나는 문장을 발견했을 때의 기쁨이란 이루 말할 수 없습니다.

천양희 시인에게는 '절망이 부양한 내 목숨에 대한 반성문'이자 '단독 정부의 수반'이고, 이근배 시인에게는 '우주의 자장을 뚫고 만물의 언어를 캐내는 것'이 시입니다. 시의 급소를 찌르는 젊은 시인들의 촌철살인도 뛰어나지요. 비교적 최근에 읽은 문구들을 더 많이 실은 연유입니다. 이토록 맛있는 명구들을 그냥 나열하는 게 면구스러워 엮은이의 소품을 몇 군데 징검다리로 놓았습니다.

한 문장이나 두 문장, 혹은 한 페이지로 축약한 이들의 상징과 은유가 우리 사회를 더 아름답게 하고 시적 공감대를 넓혀준다면 더없이 행복하겠습니다.

— **고두현**

시란 아름다움의

음악적 창조다.

– E. A. 포 (1809~1849)

– E. A. 포 Edgar Allan Poe, 1809~1849

미국의 시인이자 소설가. 최초의 단편집 『그로테스크하고 아라베스크한 이야기』를 통해 특유의 공포와 우울의 정서를 드러내며 『붉은 죽음의 가면』, 『황금 풍뎅이』 등의 작품을 발표했다. 가난과 정신착란이라는 고통 속에서 불행한 생애를 보냈지만 근대 문학에 많은 영향을 끼친 시인이다.

시는 아름답기만 해서는 모자란다.
사람의 마음을 뒤흔들 필요가 있고,
듣는 이의 영혼을 뜻대로 이끌어 나가야 한다.

— 호라티우스 (BC 65~BC 8) 『시론詩論』

— 호라티우스 Quintus Horatius Flaccus, BC 65~BC 8

로마의 시인. 풍자시와 서정시로 아우구스투스 황제의 애정을 받았으며 유머러스하고 인간미가 느껴지는 시를 주로 썼다. 아르킬로쿠스를 모방한 비판적인 시 「에포디」와 루키리우스의 전통을 계승한 「풍자시」를 썼다. 알카이오스를 모방한 『서정시집』 4권은 로마의 서정시를 대표하는 작품으로 꼽힌다.

시는 운율적 언어에 의한

모방이다.

– 아리스토텔레스 (BC 384~BC 322)

– 아리스토텔레스 Aristotle, BC 384~BC 322

그리스의 철학자. 『시학詩學』에서 그는 시를 '첫 번째 원리first principles'라 했으며, 희극보다 비극에 더 큰 비중을 두고 시를 설명했다.

시는 최상의 행복,

최선의 정신,

최량이자 최고의 순간의 기록이다.

— P. B. 셸리 (1792~1822) 『시가옹호론詩歌擁護論』

P. B. 셸리 Percy Bysshe Shelley, 1792~1822

영국의 낭만파 시인. 16세기 로마를 배경으로 근친상간과 살인사건을 다룬 『첸치 일가』
와 『사슬에서 풀린 프로메테우스』를 남겼다. 작품 속에 이상주의적인 사랑과 자유를 그
려내 바이런과 함께 낭만주의 시대를 이끈 시인으로 인정받는다.

"나더러 시詩를 설명하라고? 그건 안 돼.
세상에서 가장 어리석은 일이야." 시인 네루다가 한 말이다.
나더러 시란 무엇인가 정의를 내리라고?
그건 안 돼. 세상에서 가장 어리석고 무서운 일이야.
나도 네루다처럼 말해본다.
시란 무엇이다, 라고 정의를 내릴 수 없는 것이 시라면
나에게 시란 무엇인가, 라고 바꿔 말해보면 어떨까.
나에게 시는 절망이 부양한 내 목숨에 대한 반성문이다.
그래선지 내 삶에서 시는 단독정부의 수반처럼
무서운 권력을 쥐고 있다. 그 권력은 살아 있는 자로서
나를 늘 질문자의 위치에 서게 하고 각성자의 위치에
서게 한다는 사실이다. 그것이 시의 큰 힘이다.
한 편의 시는 한 세계와 같다는 말은
얼마나 무궁무진한 시의 힘인가.
그 힘으로 시인의 자리를 지킬 수 있을 때 시는
내 자작自作나무이며 내 전집全集이다.

– 천양희 (1942~)

– 천양희 1942

부산 출생. 경남여고, 이화여대 국문과 졸업. 1965년 〈현대문학〉에 「화음」, 「아침」을 발표
하며 등단했다. 〈기독교시단〉 동인으로 활동했다. 『신이 우리에게 묻는다면』, 『사람 그리
운 도시』, 『오래된 골목』, 『너무 많은 입』 등의 시집을 발표했다.

캄캄한 구름의 두께에서 태어나는

순백무구한 눈송이의 결정結晶,

그것이 시다.

– 허만하 (1932~)

– 허만하 1932~

대구 출생. 경북대 의대와 동 대학원 졸업. 1957년 〈문학예술〉에 「과실」, 「날개」, 「꽃」 등 3
편의 시를 발표하며 등단했다. 시집 『해조海潮』, 『비는 수직으로 서서 죽는다』, 『바다의 성
분』 등이 있다.

시는

체험이다.

— R. M. 릴케 (1875~1926)

— R. M. 릴케 Rainer Maria Rilke, 1875~1926

독일의 시인. 실존주의 사상의 시적 대표자로 불리며 근대 사회의 모순과 고독, 죽음, 사랑의 문제에 관한 많은 시를 남겼다. 깊은 종교성을 보이는『신에 관하여Geschichten vom lieben Gott』,『형상形像 시집Das Buch der Bilder』등 다수의 작품이 있다. 불안과 고독을 신앙적 측면에서 노래한 독일의 대표적인 근대 시인이다.

고시古詩는 충후忠厚를 주로 했다.

시라는 것은 언어만 가지고 구하여 얻어지는 것이다.

언제나 깊이 그 의도를 관찰해야 한다.

그러므로 한 사람을 기평譏評할 때는

그 소위所爲의 악을 얘기하지 아니하고

그 벼슬의 존비와 차안의 미려를 들어

백성의 반응을 주시하여야 하는 것이다.

− 소동파 (1037~1101)

소동파 蘇東坡, 1037~1101

중국 북송의 시인. 중국을 대표하는 문장가로 시詩, 사詞, 부賦, 산문散文 모두에 능한 당송팔대가唐末八大家의 한 사람이다. 중국문학사상 처음으로 호방사豪放詞를 개척한 호방파의 대표이자 서예가, 화가였다. 그의 대표작인 『적벽부』는 지금까지도 사랑받는 명작이다.

의미의 밀도가 높은 시,

이것이 밀핵시다.

— 성찬경 (1930~2013)

— 성찬경 1930~2013

충청남도 예산 출생. 서울대 대학원 영문과 졸업. 1956년 〈문학예술〉에 「미열」 「궁」 「프리즘」을 발표하며 등단했다. 1966년 첫 시집 『화형둔주곡』을 시작으로 『벌레소리송』 『시간음』 『황홀한 초록빛』 『그리움의 끝을 찾아서』 『묵극』 등을 발표했다.

시는 신神의 말이다.

그러나 시는

반드시 운문韻文 속에만 있는 것이 아니다.

시는 곳곳에 충일充溢한다.

미와 생명이 있는 곳에는 시가 있다.

— I. S. 투르게네프 (1818~1883) 『루딘』

— I. S. 투르게네프 Ivan Sergeevich Turgenev, 1818~1883
러시아의 시인이자 소설가. 1843년 벨린스키에게 격찬을 받은 시 『파라샤』 발표 이후 『시골에서의 1개월』 등의 희곡을 발표하여 극작가로서도 재능을 보였다. 『사냥꾼의 수기』로 러시아의 대표적인 극작가로 발돋움했다. 1882년에는 러시아와 러시아어의 아름다움을 찬미한 『산문시』를 발표하기도 했다.

시는 시를 기다리지 않는다.
내가 시를 기다릴 뿐이다.

– 정진규 (1939~)

– 정진규 1939~

경기도 안성 출생. 고려대 국문과 졸업. 1960년 〈동아일보〉 신춘문예에 시 「나팔서정」이
당선되며 등단했다. 시집 『마른 수수깡의 평화』, 『뼈에 대하여』, 『몸시』 등을 발표했다. 한
국시인협회상, 월탄문학상, 현대시학작품상 등을 수상했다.

위대한 시는
가장 귀중한 국가의 보석이다.

— L. 베토벤 (1770~1827)

— 베토벤 Ludwig van Beethoven, 1770~1827

독일의 작곡가. 고전파를 대표하는 역사상 가장 위대한 작곡가다. 27세 무렵 시작된 난
청이 악화되어 시련을 겪었으나 교향곡 제3번 '영웅', 교향곡 제5번 '운명', 오페라 '피델
리오', 교향곡 제9번 '합창' 등 수많은 명작을 남겼으며 이후 거의 청각을 잃은 상태에서
도 작품 활동을 계속해 나갔다. 그의 활동은 19세기 낭만주의의 길을 연 것으로 평가받
는다.

내가 너에게 아무도 모르게

'사랑한다'는 암호를 편지에 써서 보냈는데,

너는 남들이 모르는 그 암호를 곧 독해讀解하고

답신을 보내왔다.

'사랑한다'는 나의 말은 너에게 전달되고,

너는 답신 속에 또한 암호를 보내왔다.

나는 그 암호를 받고 기뻤으며 전율하였다.

두 사람이 내통할 수 있는 암호는

두 사람만의 것이 아니라,

사랑하는 사람들 모두의 마음을

흔들어 놓는 시의 한 전형典型이 된다.

사람들의 마음을 움직일 수 있는 암호의 압축,

축약된 문맥과 색깔, 상상력과 율동,

그 어법 속에 살아 있는 시의 혼을 담아내는 일,

사람의 마음을 움직이는 일이 시인의 몫이다.

– 김종해 (1941~)

부산 출생. 1963년 〈자유문학〉 신인문학상에 시 「저녁」이, 1965년 〈경향신문〉 신춘문예에 「내란」이 당선되었다. 1966년 첫 시집 『인간의 악기』를 발표했으며, 시집 『항해일지』로 한국문학작가상을 수상했다.

사람의 생각이
우주의 자장磁場을 뚫고
만물의 언어를 캐내는 것.

– 이근배 (1940~)

– 이근배 1940–

충청남도 당진 출생. 서라벌예대 문예창작과 졸업. 1961년 〈경향신문〉에 시조 「묘비명」, 〈서울신문〉에 「벽」이 신춘문예에 당선되며 등단했다. 1960년 첫 시집 『사랑을 연주하는 꽃나무』 발표 이후 『노래여 노래여』, 『동해 바닷속의 돌거북이 하는 말』, 『사람들이 새가 되고 싶은 까닭을 안다』 등의 시집을 펴냈다.

시는

악마의 술이다.

– A. 아우구스티누스 (354~430)

– A. 아우구스티누스 Aurelius Augustinus, 354~430

로마의 철학자. 초대 그리스도교 교회의 가장 중요한 인물로 중세 문화의 탄생을 이끌었다. 그의 저서 『고백록Confessiones』은 기독교의 중요 고전으로 인간과 시간, 성경의 해석에 관한 방법을 설명하고 있다.

시가 교화를 위한 것이라는 뜻은
본래 온유하고 돈후한 시 정신으로
성정을 다스려서
풍화風化를 이루게 하며,
사람의 마음을 감화하여 세상의 도리를
평정하게 하고자 하는 것이다.

– 남구만 (1629~1711)

조선 후기의 문신. 우의정, 좌의정을 거쳐 영의정까지 지냈으나 1701년 희빈禧嬪 장 씨의
처벌에 대해 경형을 주장하다 퇴관하여 이후 문장을 일삼았다. 유명한 시조 '동창이 밝았
느냐 노고지리 우지진다……'가 그의 작품이며 문집 『약천집藥泉集』이 있다.

수다스런 현대시는

휴대폰 문자로 보내는 한마디 절구여도 좋다.

– 유안진 (1941~)

유안진 1941

경상북도 안동 출생. 서울대 사범대 가정과와 동 교육대학원 졸업. 미국 플로리다 대학 박사학위 취득. 1965년 〈현대문학〉에 시 「달」과 「별」 등으로 박목월의 추천을 받아 등단 했다. 『달하』, 『절망시편』, 『거짓말로 참말하기』 등의 시집을 발표했다.

시 삼백 편의 의미를
한마디로 말한다면
생각에 사악함이 없다는 것이다.

詩三百 一言以蔽之曰 思無邪

– 공자 (BC 551 ~ BC 479) 『논어論語』 '위정편 爲政篇'

– 공자 孔子, BC 551~BC 479

고대 중국의 사상가. 유학의 시조. 성품이 엄숙하고 온화하며 사상은 현실적이며 실용적이었다. 그의 언행을 제자들이 모아 낸 책이 『논어論語』다. 인간 행동의 궁극적 지향은 인仁에 있다는 것이 『논어』의 핵심이다.

하나의 시란 그것이

영원한 진리로 표현된 인생의 의미다.

- P. B. 셸리 (1792~1822)

- P. B. 셸리 Percy Bysshe Shelley, 1792~1822

영국의 낭만파 시인. 16세기 로마를 배경으로 근친상간과 살인사건을 다룬 『첸치 일가』
와 『사슬에서 풀린 프로메테우스』를 남겼다. 작품 속에 이상주의적인 사랑과 자유를 그
려내 바이런과 함께 낭만주의 시대를 이끈 시인으로 인정받는다.

시가 무엇인가 묻지 말라.

시란 한마디로 정의 내리기 힘든 속성을 지닌 예술이다.

시에 대한 정의는 언제나 완벽한 정의가 아니기 쉽다.

그러므로 오늘은 시인에게 있어 시는

건강과 같다고 말해 둔다.

건강진단서가 지금 당신은 아무 병이 없다고 해도

만약 시인이 시를 쓰지 못하고 있다면,

그것은 불건강이요,

아프고 병든 생명임을 너무도 잘 알고 있기 때문이다.

– 문정희 (1947~)

전라남도 보성 출생. 진명여고, 동국대 국문과와 동 대학원 졸업. 1965년 진명여고 재학 중 첫 시집 『꽃숨』을 발표했으며, 1969년 〈월간문학〉 신인상에 「불면」과 「하늘」이 당선되어 등단했다. 『문정희 시집』 『그리운 나의 집』 『오라, 거짓 사랑아』 『모든 사랑은 첫사랑이다』 『찔레』 등을 발표했다.

사람이 사람에게로 가는

긴 길이 있다.

내 시몸詩身은 그 길을 걸었다.

– 홍신선 (1944~)

– 홍신선 1944~

경기도 화성 출생. 동국대 국문과와 동 대학원 졸업. 1965년 〈시문학〉에 「희랍인의 피리」 「이미지 연습」 등을 발표하며 등단했다. 『서벽당집』 『우리 이웃 사람들』 『우연을 점찍다』 등의 시집이 있다.

시란 진실의 과녁을 뚫는

정확한 언어의 탄환!

– 이가림 (1943~)

– 이가림 1943~

전라북도 정읍 출생. 성균관대 불문과와 동 대학원 졸업, 프랑스 루앙 대학에서 문학박
사학위 취득. 1966년 〈동아일보〉 신춘문예에 「빙하기」가 당선되면서 등단했다. 『빙하기』
『유리창에 이마를 대고』 『슬픈 반도』 등의 시집을 발표했다. 정지용문학상을 수상했다.

시는 단 하나의 신비다.

명백한 사실에 대해서가 아니라
이상에 대해 말하고 있는 건전한 마음의 표현이다.

- R. W. 에머슨 (1803~1882)

R. W. 에머슨 Ralph Waldo Emerson, 1803~1882

미국의 시인. 동양사상의 영향을 받아 청교도의 기독교적 인생관을 비판, 편협한 종교적 독단과 형식주의를 배척했다. 자연과 신과 인간은 결국 하나라는 범신론적인 초월주의를 주장하며 사색을 통한 작품 활동으로 '문학적 철인'으로 일컬어진다. 『콩코드 찬송가 Concord Hymn』, 『로도라The Rhodora』 등의 시집을 발표했다.

세상 곳곳의 벽장 속에 숨겨져 있는
보물을 찾아내는 것.

– 문효치 (1943~)

– 문효치 1943–

전라북도 옥구 출생. 동국대 국문과와 고려대 교육대학원 졸업. 1966년 〈한국일보〉,
〈서울신문〉 신춘문예에 시 「산색」과 「바람 앞에서」가 당선되어 등단했다. 〈신년대〉, 〈진
단시〉 동인으로 활동했다. 시집으로 『연기 속에 서서』 『무녕왕의 나무새』 『백제시집』 등
이 있다.

시는
화살이다

서시

고두현

바깥의 과녁이 사라진 뒤
내 안으로
화살을 겨누었다.
촉이 점점 커졌다.

활등이 휠수록 더 팽팽해지는 시간

최대한 잡아당긴 시위를
탁, 하고 놓으며
이제 네 속으로 들어간다.
내 사랑.

무릇 시는 뜻을 주장으로 하는데,

뜻을 갖추기가 제일 어렵고

사연을 엮는 것이 그 다음이다.

뜻은 또한 기氣를 주장 삼으니 기의 우열優劣에 따라

깊고 얕음이 있다.

그러나 기는 하늘에 근본하니 배워서 얻을 수 없다.

그러므로 기가 모자라는 자는

글을 만들기에만 힘쓰고 뜻을 먼저 두려 하지 않는다.

대개 그 글을 새기고 치장함에 있어

구절을 단청丹靑하면 실로 아름답지만

그 안에 감추어진 깊고 무거운 뜻이 없어서

처음 읽을 때는 잘된 듯하나 두 번째 씹으면

벌써 맛이 없다.

– 이규보 (1168~1241)

이규보 1168~1241

고려시대의 문인. 호탕한 시풍詩風으로 당대를 풍미했다. 벼슬에 임명될 때마다 그 감상을 즉흥시로 읊을 정도로 명문장가였다. 저서로 『동국이상국집』, 『국선생전』 등이 있으며, 작품으로 『동명왕편東明王篇』이 있다.

시란 그 시를

가장 강력하고 유쾌하게 자극하는 방법으로

사상의 심벌들을 선택하고

배열하는 예술이다.

− W. C. 브라이언트 (1794~1878)

W. C. 브라이언트 William Cullen Bryant, 1794~1878

'미국 시의 아버지'로 불리는 미국의 시인이며 저널리스트다. 「새너토프시스」, 「물새에게」 등의 자연을 노래한 시로 문학가로서 인정받았다. 〈뉴욕 리뷰〉를 편집했으며, 〈뉴욕 이 브닝 포스트〉의 편집에도 관계했다.

드디어 모래알 하나,

내 생의 뼈 침묵의 알이여!

이 견고한 시의 집.

— 신달자 (1943~)

— 신달자 1943~

경상남도 거창 출생. 숙명여대 국문과와 동 대학원 졸업. 1964년 여성지 〈여상〉에 시 「환
상의 밤」 당선, 1972년 〈현대문학〉에 「밤」 「처음 목소리」 등으로 박목월의 추천을 받아
등단했다. 1973년 첫 시집 『봉헌문자』 이후 많은 시집을 발표했다.

새로운 갈망을 향해 덤벼드는,

이 미친 듯한 춤!

– 이수익 (1942~)

– 이수익 1942~

경상남도 함안 출생. 서울대 사범대학 영어과 졸업. 1962년 〈서울신문〉 신춘문예에 당선되어 등단했다. 『고별』, 『우울한 샹송』, 『슬픔의 핵』, 『아득한 봄』 등의 시집을 발표했다. 현대문학상, 대한민국문학상, 정지용문학상 등을 수상했다.

시는 저녁연기 같은 것이다.

가난하지만 평화로운 마을,

초가집 굴뚝에서 피어오르는 저녁연기가 바로 시다.

해가 지는 것도 모른 채 들에서 뛰어 놀다가

터무니없이 기다랗게 쓰러져 있는 내 그림자에 놀라

고개를 들면 보이던 어머니의 손짓 같은 연기.

하늘로 멀리멀리 올라가지 않고

대추나무 높이까지만 피어오르다가,

저녁때도 모르는 나를 찾아 사방으로 흩어지면서

논두럭 밭두럭을 넘어와서,

어머니의 근심을 전해주던 저녁연기, 이게 바로 시다.

저녁밥을 먹으려고 두레반 앞에 앉으면,

솔가지 타는 내가 배어 있는

어머니의 흰 소매에서는 아련한 저녁연기가

이냥 피어오른다.

– 오탁번 (1943~)

오탁번 1943

충청북도 제천 출생. 고려대 영문과와 동 대학원 국문과 졸업. 1967년 〈중앙일보〉 신춘문예에 시 「순은이 빛나는 이 아침에」, 1969년에 〈대한일보〉 신춘문예에 소설 「처형의 땅」이 당선되면서 등단했다. 시 전문 계간지 〈시안〉을 창간, 발행하여 한국 시 발전에 공헌했다. 시집 「너무 많은 가운데 하나」, 「생각나지 않는 꿈」, 「아침의 예언」, 「1미터의 사랑」 등이 있다. 한국문학작가상, 동서문학상, 정지용문학상 등을 수상했다.

무통분만이 불가능한 시는
정신적 통섭을 누리는 예술이다.

– 윤금초 (1941~)

전라남도 해남 출생. 서라벌예술대 문예창작과 졸업. 1968년 〈동아일보〉 신춘문예에 당선되면서 등단했다. 시집 『어초문답』 『해남 나들이』 『땅끝』 사설시조집 『주몽의 하늘』 4인 시조선집 『네 사람의 얼굴』 5인 시조선집 『다섯 빛깔의 언어 풍경』 6인 시조선집 『갈잎 흔드는 여섯 악장 칸타타』 등이 있다.

시란 인간을 이해하는 방법이고
이해는 또 다른 사랑이다.
모든 인간에게서 시를 본다.

– 정호승 (1950~)

– 정호승 1950~

경상남도 하동 출생. 경희대 대학원 국문과 졸업. 1973년 〈한국일보〉 신춘문예에 「슬픔이 기쁨에게」가 당선되어 등단했다. 시집 『슬픔이 기쁨에게』, 『서울의 예수』, 『외로우니까 사람이다』 등이 있다. 한국가톨릭문학상, 지리산문학상, 공초문학상 등을 수상했다.

시란 뜻이 향해 가는 바라,

마음 안에 있으면 뜻이 되고

말로 나타내면 시가 된다.

— 자하 (BC 507~BC 420)『모시서 毛詩序』

자하 子夏, BC 507~BC 420

전국시대의 학자. 공자의 제자 중 하나로 공자가 세상을 떠난 뒤에 서하西河에서 사람들을 가르치다 위나라 문후文侯의 스승이 되었다. 주관적 내면성을 존중하던 증자曾子와 다르게 예禮의 객관적인 형식을 존중한 것이 특색이다.

시는 모든 예술의 장녀이며
대부분의 사람들의 양친이다.

– W. 콩그리브 (1670~1729)

– W. 콩그리브 William Congreve, 1670~1729

영국의 극작가. 처녀작 『늙은 독신자』의 대성공 이후 『거짓말쟁이』, 『세상만사』 등의 작품
으로 입지를 다졌다. 풍속 희극의 대표주자로 세상 속 인간의 행동을 풍자적으로 표현
했다.

언어는 불충족한 소리의 옷,

그 옷자락 잡아보려는 헛된 시도.

— 김광규 (1941~)

— 김광규 1941~

서울 출생. 서울대 대학원 독문과 졸업. 1975년 〈문학과지성〉에 시 「유무」, 「영산」, 「시론」
등을 발표하며 등단했다. 김수영문학상을 수상했다.

아무리 시시한 시인이 쓴 글이라 할지라도

우리가 정말로 그를 이해한다면

좋은 시를 얼핏 읽어버림으로써 받은 인상보다야

훨씬 아름다운 것이 아니겠나.

내가 시를 읽고 싶지 않을 때,

시에 지쳤을 때,

나는 항상 자신에게다 그 시를 충분히

이해하지 못했다고 타이르는 바일세.

또 나는 나도 모르는 사이에 대단히 아름다운 감정이

내 마음 속에서 진행 중일 것이라고 타이르기도 하네.

그래서 언젠가 어느 순간에 내가

내 마음 속을 들여다볼 수가 있어

그 훌륭한 감정을 꺼낼 수 있으리라고

생각하고 있네.

— B. A. W. 러셀(1872~1970) 『사랑이 있는 기나긴 대화』

러셀 Bertrand Arthur William Russell, 1872~1970

영국의 논리학자, 철학자, 사회평론가. 『결혼과 성』 『나는 왜 기독교인이 아닌가』 『왜 사람들은 싸우는가』 등의 명저를 남겼다.

감옥에서 시는 폭동이 된다.
병원의 창가에서는
쾌유를 향한 불타는 희망이다.
시는 단순히 확인만 하는 것이 아니다.
재건하는 것이다.
어디에서나 시는
부정(不正)의 부정(否定)이 된다.

― C. 보들레르 (1821~1867) 『낭만파예술론』

― C. 보들레르 Charles Baudelaire, 1821~1867

프랑스의 시인. 1857년 첫 시집 『악의 꽃Les fleurs du mal』을 발표했으나 시집의 주요 소재인 섹스와 죽음은 불경한 것으로 여겨져 풍기문란죄로 고소당했다. 1861년 6편의 시를 삭제해 『잔해들Les Épaves』이란 제목으로 다시 출판했으나 다시 벌금형을 받았다. 거의 100년이 지난 1949년 보들레르는 무죄판결을 받았고 그의 삭제된 6편의 시도 다시 빛을 볼 수 있게 되었다.

시는 어느 순간 나에게로 와

나와 함께 앓는

불치병이 되고 말았네.

– 노향림 (1942~)

– 노향림 1942~

전라남도 해남 출생. 중앙대 영문과 졸업. 1970년 〈월간문학〉을 통해 등단했다. 『눈이 오지 않는 나라』, 『그리움이 없는 사람은 압해도를 보지 못하네』, 『후투티가 오지 않는 섬』 등의 시집을 발표했다. 한국시인협회상, 이수문학상을 수상했다.

결빙된 씨앗,

북극에서 개화를 꿈꾼다.

− 조정권 (1949~)

− 조정권 1949~

서울 출생. 중앙대 영어교육과 졸업. 1970년 〈현대시학〉에서 시 「흑판」을 발표하면서 등
단했다. 시집 『비를 바라보는 일곱 가지 마음의 형태』 『떠도는 몸들』 등을 발표했다.

시는 마치
손가락 사이에서 빠져 나가는
노래와 같은 것이다.

― R. M. 릴케 (1875~1926)

― R. M. 릴케 Rainer Maria Rilke, 1875~1926

독일의 시인. 실존주의 사상의 시적 대표자로 불리며 근대 사회의 모순과 고독, 죽음, 사랑의 문제에 관한 많은 시를 남겼다. 깊은 종교성을 보이는 『신에 관하여Geschichten vom lieben Gott』, 『형상形象 시집Das Buch der Bilder』 등 다수의 작품이 있다. 불안과 고독을 신앙적 측면에서 노래한 독일의 대표적인 근대 시인이다.

기쁨이든 슬픔이든

시는 항상 그 자체 속에

이상을 좇는

신과 같은 성격을 갖고 있다.

– C. 보들레르 (1821~1867)

– C. 보들레르 Charles Baudelaire, 1821~1867

프랑스의 시인. 1857년 첫 시집 『악의 꽃Les fleurs du mal』을 발표했으나 시집의 주요 소재인 섹스와 죽음은 불경한 것으로 여겨져 풍기문란죄로 고소당했다. 1861년 6편의 시를 삭제해 『잔해들 Les Épaves』이란 제목으로 다시 출판했으나 다시 벌금형을 받았다. 거의 100년이 지난 1949년 보들레르는 무죄판결을 받았고 그의 삭제된 6편의 시도 다시 빛을 볼 수 있게 되었다.

시는

자유의 다른 이름,

그 닿을 수 없는

그리움.

— 정희성 (1945~)

— 정희성 1945~

서울 출생. 서울대 국문과 졸업. 1970년 〈동아일보〉 신춘문예를 통해 등단했다. 작품집
으로는 『답청』, 『돌아다보면 문득』 등이 있다.

시란 것은 걸작이든가.

아니면

전연 존재해서는 안 되는 것이다.

− J. W. 괴테 (1749~1832)

J. W. 괴테 Johann Wolfgang von Goethe, 1749~1832

독일의 시인. 독일 고전주의 문학을 완성한 작가로 희곡「괴츠 폰 베를린힝겐」,「클라비고」,「슈텔라」와 소설『젊은 베르테르의 슬픔』을 발표했다. 만년에는 대작『파우스트』를 완성하였으며 궁정극장의 감독으로, 경영자로, 연출가로 활약하며 독일 연극을 세계적인 수준으로 올려놓았다.

시란 정情을 뿌리로 하고 말을 싹으로 하며,
소리를 꽃으로 하고 의미를 열매로 한다.

— 백거이 (772~846)

— 백거이 白居易, 772~846

당나라의 시인. 두보와 이백을 잇는 시인으로 취음선생醉吟先生, 향산거사香山居士 등으로 불린다. 짧은 문장의 시를 주로 썼는데, 45세 때 지은 「비파행」과 당 현종과 양귀비의 사랑을 노래한 장시 「장한가」가 유명하다. 『백시 장경집』50권에 2,200수의 시와 『백씨 문집』에 그의 모든 시가 정리되어 있다.

'육체는 슬프다'라고
숙명처럼 노래한 시인이 있었다.
그러나 '시가 있기에 육체는 기쁘다'라고
나는 말하고 싶다.
시를 만나러 가는 길은 항상 가슴이 설레고,
조금쯤은 흥분되거나 긴장하기 마련이다.
시는 언제나 거기 그대로 있되,
천변만화의 표정으로 나를 맞아들인다.
시를 만날 때마다 새롭게 풋풋하게,
나의 육체 속에 충만한 생명을 감지하는 것도,
시의 이 같은 변화무쌍한 자연 속성 때문일 것이다.

그래서 나는 나의 시를 언제나

'산행山行'과 같은 것이라고 생각하며 살아간다.

육체가 마음 놓고

자유로워질 뿐만 아니라,

고통이나 고달픔까지도 모두 기쁨이 된다는 것을

이미 터득하였기 때문이다.

삶에 낙관주의를 심어주는 것,

육체는 기쁨에 떨게 하고,

정신은 한없이 풍부하게 채워주는 것

— 이것이 시이다.

— 이성부 (1942~2012)

— 이성부 1942~2012

광주 출생. 경희대 국문과 졸업. 1959년 고교 재학 시절, 〈전남일보〉 신춘문예에 당선되어 등단했으며, 1962년 〈현대문학〉과 〈동지〉를 통해 추천을 완료했다. 또한 1967년 〈동아일보〉 신춘문예에 「우리들의 양식」이 당선되었다. 시집으로는 『이성부시집』, 『백제행』, 『지리산』 등이 있다. 공초문학상, 영랑시문학상과 경희문학상 등을 수상했다.

도망가라 책으로부터,

무한한 바깥에의 유혹.

모반 적시는 생각의 빗방울들……

– 이기철 (1943~)

이기철 1943~

경상남도 거창 출생. 영남대 국문과와 동 대학원 졸업. 1972년 〈현대문학〉에 「5월에 들른 고향」을 발표하며 등단했다. 『전쟁과 평화』, 『지상에서 부르고 싶은 노래』, 『유리의 나날』 등의 시집이 있다.

시는 언제나

우리의 삶을 새로 출발하도록 고무하며

그 삶의 근원으로

되돌아가게 할 것이다.

— 박두진 (1916~1998) 『시詩란 무엇인가에 대하여』

— 박두진 1916~1998

경기도 안성 출생. 1939년 〈문장〉을 통해 등단했다. 『안성 시인들』, 『청록집』 등의 시집이 있다. 외솔상, 정지용문학상, 인촌상 등을 수상했다.

시는 오직

인간의 능력을 발양發揚하기 위해

우주를 비감성화시킨 것이다.

— T. S. 엘리엇 (1888~1965) 『초현실주의 간략사전』

— T. S. 엘리엇 Thomas Sterns Eliot, 1888~1965

미국계 영국 시인. 1922년 문예지에 발표한 「황무지」는 433행의 난해한 내용의 시로 영
미 시단에 큰 변화를 가져온 작품으로 평가받는다. 「스위니 아고니스티이즈」, 「각테일 파
티」, 「비서」 등의 운문으로 쓰인 희곡을 발표했다. 그의 작품은 20세기 모더니즘에서 중
요하게 여겨지며 1948년 노벨문학상을 수상했다.

우리는 남들과 논쟁할 때는

수사학으로써 논쟁하지만

스스로 논쟁할 때는 시로써 한다.

자기를 지지한 혹은 지지할 거라는

군중을 의식하는 데서 오는 자신만만한 음성을 지닌

웅변가들과는 달리

우리는 불확실성 가운데서 노래한다.

따라서 가장 고상한 아름다움의 존재 가운데서도

우리가 고독하다는 인식 때문에

우리의 리듬은 떨린다.

― 예이츠 (1869~1939)

― 예이츠 William Bulter Yeats, 1869~1939

아일랜드의 시인. 화가를 지망하여 미술 공부를 했지만 뒤늦게 시에 전념했다. 그의 첫 시집인 『마신의 방황』은 와일드O'scar Fingal flahertie Wills Wilde로부터 절찬을 받았다. 낭만적이었던 초기 작품과는 달리 후기로 갈수록 상징적인 작품을 많이 썼다. 1923년 아일랜드 최초로 노벨문학상을 수상했다.

시란 진리이며 단순성이다.

그것은

대상에 덮여 있던 상징과 암유^{暗喩}의 때를 벗겨서

대상이 눈에 보이지 않고 비정하고

순수하게 될 정도로 만들어 놓은 것이다.

— J. 콕토 (1889~1963) 『암살^{暗殺}로서의 미술^{美術}』

— J. 콕토 Jean Maurice Eugene Clement-Cocteau, 1889~1963

프랑스의 시인. 제1차 세계대전 이후 전위파 시인으로 『파라드』, 『지붕 위의 황소』, 『에펠탑의 신랑 신부』 같은 초현실주의적 작품을 발표했다. 연극 분야에서도 재기 넘치는 작품들을 계속 발표하며 「시인의 피」라는 전위적인 작품으로 프랑스 문화계에서 독보적인 인물이 되었다.

서정시란 매일 아침 스푼으로
흰 구름을 떠먹는 것과 같다.

– 유재영 (1948~)

– 유재영 1948~

충청남도 천안 출생. 일본 무사시노 미술학교 졸업. 1983년 첫 시집 『한 방울의 피』와 시조집 『네 사람의 얼굴』을 발표했다. 1994년 「물총새에 관한 기억」으로 〈중앙일보〉 시조대상을 수상했다. 『지상의 중심이 되어』, 『햇빛 시간』 등의 시집이 있다.

시는 내 삶에의 명명법命名法.

세상과의 조우 속에서 터득하는 깨달음,

그 깨달음의 이름 붙이기다.

– 윤석산 (1946~)

– 윤석산 1946~

충청남도 공주 출생. 공주사대, 국민대 국문과, 한양대 대학원 국문과 졸업. 1972년 〈시문학지〉에 시 「접목」, 「용왕굿」을 발표하면서 등단했다. 『아세아의 풀꽃』, 『벽 속의 산책』, 『용담 가는 길』 등의 시집이 있다.

숨을 멎게 하거나,

통곡을 받아 내거나,

말갛게 씻어주거나……

― 한영옥 (1950~)

성신여대 국어교육과 동 대학원 국문과 졸업, 성균관대 대학원 문학박사. 1973년 〈현대
시학〉을 통해 등단했다. 시집 『손님』 『비천한 빠름이여』 등이 있다.

나의 시는

사슴 같은 사람들이 사는 마을의

저녁 불빛이다.

– 이준관 (1949~)

전라북도 정읍 출생. 전주교대 졸업. 1971년 〈서울신문〉 신춘문예로 등단했다. 『폭풍우
가 몰아치기 전』, 『봄날에』 등의 시집을 발표했다.

밴댕이 속 좁아서

망망대해 제 것이다.

– 김영재 (1948~)

– 김영재 1948 –

전라남도 승주 출생. 중앙대 예술대 졸업. 1974년 〈현대시학〉으로 등단했다. 시집『참나무는 내게 숯이 되라네』,『다시 월산리에서』,『사랑이 사람에게』 등을 발표했다.『화엄동백』으로 중앙시조대상을 수상했다.

시란 정신의 떠오른 영화英華요,
조화의 신비한 생각이다.

– 서정경 (1479~1511)

– 서정경 徐禎卿, 1479~1511

후칠자後七子에 대한 전칠자 前七子의 한 사람으로 꼽혔던 중국 명 나라의 시인. 7언이 5언 보다 뛰어났으며, 서정적인 절구에 특히 능숙했다. 주요 저서에는 『적공집迪功集』이 있다.

모든 시들은 부재의 숲에서 싹을 틔우는 어린 나무다.

우리는 태어나기 전에 부재의 존재였고,

죽은 뒤에 다시 부재의 존재로 돌아간다.

문자들은 이 존재와 부재의

간극 사이를 뛰어가는 바람이다.

뭔가를 쓰는 자들은 이 부재의 권태를

견디지 못하는 자들이다.

그들은 채집망을 휘둘러 바람을 붙잡는다.

어리석은 몸짓,

아무 보상도 없는 몸짓들.

그러나 부재의 씨앗들은 여기저기에 흩뿌려져서

마침내 싹을 틔운다.

누구나 무의식에 그 어린 나무가 자란다.

부재의 씨앗이 자라나서 맺은 열매가 바로 시다.

쓰는 행위 안에서 쓰기와 지우기는 반복된다.

글을 쓴다는 것은 쓰면서 동시에 뭔가를 지워가는 행위다.

쓴다는 행위는 쓰지 않는 것들, 끝내 억압되어

무의식의 저 밑바닥으로 가라앉는 것들 위에서 이루어진다.

그것은 씌어지면서 표출되는 것들의 아래로 숨는다.

그 존재를 드러내지 않는다는 점에서 지워지는 것이다.
모든 씌어지지 않은 것들은 삭제된 흔적,
공백으로 남는데,
실은 우리 욕망과 검열기제들에 의해
강제로 지워진 결과다.

– 장석주 (1954~)

충청남도 논산 출생. 1979년 〈동아일보〉 신춘문예에 문학평론으로 등단했다. 『붕붕거리는 추억의 한때』, 『절벽 시집』 등의 시집을 펴냈다.

우리들은 정신의 영역을

3중의 층으로 생각할 수가 있을 것 같다.

더구나 그러한 경우 지질학의 '단층'에

비교할 수 있는 어느 현상이 일어난다.

그 결과 ……

지층은 비연속적이며

서로 불규칙한 단층을 나타나게 된다.

그와 매한가지로 자아의 감각적 의식은

본능적 충동과 직접 교섭을 갖게 되며,

그 '끓는 가마솥'에서 어떠한 원형적 형태

즉 예술작업의 기초가 되는 말,

이미지, 음 등의 본능적 짜임을

끄집어내게 되는 것이다.

– H. 리드 (1893~1968)

– H. 리드 Sir Herbert Read, 1893~1968

영국의 시인. 케임브리지 대학, 에든버러 대학, 하버드 대학 등에서 교수를 지냈다. 철학과 예술에 이론적이고 정열적인 접근을 했다. 1953년 'Sir'의 칭호를 수여받고, 1963년에 자서전 『모순적인 경험 The Contrary Experience』을 출간했다.

시는

모든 지식의 숨결이자

정수精髓다.

– W. 워즈워스 (1770~1850) 『서정민요집』

W. 워즈워스William Wordsworth, 1770~1850

영국의 시인. 영국 최초의 낭만주의 문학 선언인 『서정가요집』 개정판을 통해 자연의 아름다움에 대한 감수성을 발전시켰다. 유럽에 범신론적 자연관을 전파, 영문학뿐 아니라 문화, 역사에도 기여한 바가 크다.

시는

한축되어 드러나지 않는 것을 귀하게 여긴다.

그러나 희미한 글, 숨은 말로서

명백하고 통쾌하지 않은 것은 또한

시의 큰 병통이다.

– 서거정 (1420~1488) 『동인시화東人詩話』

– 서거정 (1420~1488)

조선의 문신으로, 시문을 비롯한 문장과 글씨에 능했다. 시화詩話의 백미인 『동인시화東人詩話』와 『동문선同文選』 등으로 신라 이래 조선 초에 이르는 시문을 엮은 선집을 펴냈다. 세조 때 『경국대전』, 『동국통감』, 성종 때 『동국여지승람』의 편찬에 깊이 관여했다.

내 안의 푸른 노새가

말의 이파리를 뜯어먹고 있다.

— 최서림 (1956~)

— 최서림 1956~

경상북도 청도 출생. 서울대 국문과와 동 대학원 졸업. 1993년 〈현대시〉를 통해 등단했다. 시집으로는 『물금』, 『구멍』 등이 있다.

깊숙한 신神의 안주머니에서

번개처럼 훔쳐낸 시퍼런 배춧잎 같은 이미지들,

내 시는 장물臟物이다.

– 이인원 (1952~)

– 이인원 1952~

경상북도 점촌 출생. 숙명여대 졸업. 1992년 〈현대시학〉을 통해 등단했다. 시집으로 『마음에 살을 베이다』, 『사람아 사랑아』, 『빨간 것은 사과』 등이 있다. 현대시학 작품상을 수상했다.

저
신의 소리를

폭 포

– 운보와의 대화 3

고두현

얼마나 좋을까.

저 신의 소리를
한 번만이라도 들을 수 있다면…

시 쓰다가 죽을 수 있을 때까지

시를 많이 써야

일편시一篇詩가 태어난다.

– 하종오 (1954~)

경상북도 의성 출생. 1975년 〈현대문학〉에 「허수아비의 꿈」을 발표하며 등단했다. 시집 『벼는 벼끼리, 피는 피끼리』, 『님』 등을 발표했다.

위대한 시는

아주 오래오래 공동의 것이고,

모든 계급과 얼굴색을,

모든 부문과 종파를,

남자만큼이나 여자를,

여자만큼이나 남자를 위한 것이다.

위대한 시는 남자나 여자에게

최후가 아니라 오히려 시작이다.

— W. 휘트먼 (1819~1892) 『풀잎』

— W. 휘트먼 Walt Whitman, 1819~1892

미국의 시인. 시집 『풀잎』은 미국의 적나라한 모습을 다뤘으며 전통적 시형과 차별화를
꾀했다. 산문집 『자선일기 기타』가 유명하다.

시는 현실 이상의 현실,

운명 이상의 운명을 창조할 수 있는 것이고,

이 창조력은 언제나 현세적 속박의

반작용에서 얻어지는 것이다.

— 이어령 (1934~) 『통금시대의 문학』

이어령 1934

충청남도 아산 출생. 교육자이자 작가, 문화부장관을 지냈다. 1956년 〈한국일보〉에 「우
상의 파괴」를 발표하며 문학의 저항적 기능을 강조했다. 『디지로그』, 『흙 속에 저 바람 속
에』, 『지성의 오솔길』, 『차 한 잔의 사상』 등의 저서가 있다.

진실로 시라고 할 만한 것은

서정시를 제쳐놓고는 없다.

– E. A. 포 (1809~1849)

– E. A. 포 Edgar Allan Poe, 1809~1849

미국의 시인이자 소설가. 최초의 단편집 『그로테스크하고 아라베스크한 이야기』를 통해 특유의 공포와 우울의 정서를 드러내며 『붉은 죽음의 가면』, 『황금 풍뎅이』 등의 작품을 발표했다. 가난과 정신착란이라는 고통 속에서 불행한 생애를 보냈지만 근대 문학에 많은 영향을 끼친 시인이다.

나는 시를 독학한 시인이다.

손을 내밀 학연도 선린鄯隣도 없었다.

누구도 시가 무엇인지를

어떻게 빚는지를 가르쳐 주지 않았다.

시가 나의 열망이었기에 스스로 시 쓰는 법을 익혔다.

몇 권의 시집이 나의 스승이었으며

내가 내 시의 열렬한 애독자였다.

내가 쓴 시는

나를 만족하지 못하면 시로 행사할 수 없었다.

내가 용서하지 않았다.

시는 내 속으로 들어와 나를 설득시켰다.

나는 시에 무지하였다.

이론서도 번역서도 읽지 못했다.

그래서 내 시도 무지하였다.

거들먹거리고 어렵고 요란하고 난해한 시는

나를 설득하지 못하고 돌아갔다.

나는 논論을 모르기에 논論이 없다.

나의 시안詩眼은 선악善惡과 미추美醜를 바르게 보는 것.

나를 설득했다면 나를 감동시킬 수도 있을 것이라 믿었기에,

나에게 시는 나다.

나 이상도 나 이하도 아니다.

– 정일근 (1958~)

– 정일근 1958~

경상남도 진해 출생. 경남대 국어교육과 졸업. 1985년 〈한국일보〉 신춘문예를 통해 등단했다. 『바다가 보이는 교실』, 『기다린다는 것에 대하여』 등의 시집을 발표했다.

시라는 것은 사상의 표현이다.

사상이 본디 비겁하다면
제아무리 고상한 표현을 하려 해도
이치에 맞지 않으며,
사상이 본디 협애하다면
제아무리 광활한 묘사를 하려 해도
실정에 부합하지 않는다.

— 정약용 (1762~1836) 『증언贈言』

— 정약용 1762~1836

조선의 문신. 실학자, 시인, 철학자, 공학자다. 당시 만연한 유학의 타락을 비판하며 합리적이고 실질적으로 가치 있는 경세치용經世致用의 실학사상을 집대성했다. 주요 저서로 '1표2서'라 불리는 『목민심서』, 『흠흠신서』, 『경세유표』가 있다.

나의 시는

어머니에게로 가는 길이다.

– 이상국 (1946~)

– 이상국 1946

강원도 양양 출생. 1976년 〈심상〉을 통해 등단했다. 『동해별곡』, 『우리는 읍으로 간다』, 『집은 아직 따뜻하다』 등의 시집을 발표했다. 정지용문학상을 수상했다.

내면과 사물의 은유적 유추를 통해

세계를 조응.

— 권달웅 (1944~)

— 권달웅 1944~

경상북도 봉화 출생. 한양대 졸업. 1975년 〈심상〉에 「해바라기 환상」을 발표하면서 등단했다. 편운문학상 시 부문 본상을 수상했다.

살아서 만나는 모든 것이

나의 어머니다,
눈부처다.

– 이명수 (1945~)

– 이명수 1945~

경기도 고양 출생. 공주사대 국어교육과, 건국대 대학원 국문과 졸업. 1975년 박목월 시인의 추천으로 〈심상〉에 시 「일몰」 외 2편을 발표하며 등단했다. 시집으로 『공한지』, 『흔들리는 도시에 밤이 내리고』, 『등을 돌리면 그리운 날들』, 『왕촌일기』가 있다.

침묵에서 다른 침묵으로 가는

'조원에의 꿈꾸기'

— 이태수 (1947~)

경상북도 의성 출생. 대구대 대학원 국문과 졸업. 1974년 〈현대문학〉에「물소리」를 발표
하며 등단했다. 시집으로『우울한 비상의 꿈』『회화나무 그늘』등이 있다.

사상은 시 안에
과실의 영양기와 같이
숨어 있지 않으면 안 된다.

— P. 발레리 (1871~1945)

— P. 발레리 Ambroise-Paul-Toussaint-Jules Valéry, 1871~1945
프랑스의 시인. 1917년 『젊은 파르크』, 1922년 『매혹』을 발표했다. 이후로는 산문과 평론에 집중해 20세기 유럽을 대표하는 지식인으로 불린다. 저서로 『나의 파우스트』, 『현대의 고찰』, 『정신의 위기』 등이 있다.

먼 길의 유혹,

혹은

언어의 임계지점 너머

꽃피는 신발.

– 강현국 (1949~)

– 강현국 1949~

경상북도 상주 출생. 경북대 국문과 졸업. 동 대학원 문학박사. 1976년 시인 김춘수의 추천으로 〈현대문학〉에 시 「강설기」, 「일몰 이후」를 발표하며 등단했다.

시는 '빈 방에 꽂히는 햇빛'이다.
이 영원회귀의 사막 기슭에서 우연긍정들이
현재화를 필연긍정화하려는 몸부림이다.
우연긍정이 집어든 〈언어 하나〉가
필연긍정의 허리 속으로 〈언어 둘〉을 끌고 갈 때
시의 여행은 시작된다.
그리하여 우연의 대★긍정이 필연의 대긍정이 되어
리얼─모더니즘을 실천한다.
그러한 시는 끊임없이 포획한다.

사유의 포획과 그 변주,

상황의 포획과 그 변주,

대상對象의 허물이 벗겨져 흩날리는 추墜이미지.

추이미지들의 포획 뒤에 오는

통합과 연결의 눈부신 '빈 방',

거기 고독과 허무의 자궁 속에서

다시 한 번 재생再生의 사제를 꿈꾼다.

최고의 연가戀歌를 꿈꾸는 것이다.

– 강은교 (1945~)

– 강은교 1945–

함경남도 홍원 출생. 경기여고, 연세대 영문과와 동 대학원 국문과 졸업. 1968년 〈사상계〉 신인문학상에 시 「순례자의 잠」이 당선되어 등단했다. 시집으로는 『허무집』, 『풀잎』, 『빈자일기貧者日記』, 『우리가 물이 되어』, 『초록 거미의 사랑』 등이 있으며, 한국문학작가상, 현대문학상 등을 수상했다.

뭉클하고 도저한 필기구인

생生이란다.

— 송재학 (1955~)

— 송재학 1955~

경상북도 영천 출생. 경북대 졸업. 1986년 〈세계의 문학〉을 통해 등단했다. 『얼음시집』,
『살레시오네 집』, 『진흙 얼굴』, 『그가 내 얼굴을 만지네』 등의 시집과 산문집 『풍경의 비밀』
등을 썼다. 김달진문학상, 소월시문학상 등을 수상했다.

보기 좋은 미사여구를 모아 놓고

시라고 하는 것이야

비천한 잡배의 장난에 불과하다.

시는 선언이다.

만천하의 현재뿐 아니라

진미래제盡未來際까지의 중생에게 보내는 편지요,

선언이요, 유언이다.

– 이광수 (1892~1950)

– 이광수 1892~1950

평안북도 정주 출생. 와세다 대학 철학과를 졸업하고 경성제국 대학 법문학부에서 수학하다 중퇴했다. 〈독립신문사〉 사장, 〈동아일보〉 편집국장, 〈조선일보〉 부사장, 조선문인협회 회장 등을 역임했다. 소설 『무정』으로 잘 알려져 있다.

시란 이성의 조력에 상상력을 동원해
진리와 즐거움을 결합시키는 예술이다.
시의 본질은 발견이다.
예기치 않은 것을 산출함으로써
경이와 환희 같은 것을 발견하는 것이다.

– S. 존슨 (1709~1784)

S. 존슨 Samuel Johnson, 1709~1784

영국의 시인이자 평론가. 17세기 이후 영국 시인 52명의 작품론을 정리한 『영국시인전』
으로 유명하다. 〈워싱턴 포스트〉는 지난 1000년 동안 최고의 업적을 남긴 인물에 그를
최고의 저자로 선정한 바 있다.

시가 어디에 있는지

물어물어 찾아가는 길이

시작이다.

– 안도현 (1961~)

– 안도현 1961~

경상북도 예천 출생. 원광대 국문과 졸업. 1981년 〈대구매일신문〉 신춘문예에 「낙동강」, 1984년 〈동아일보〉에 「서울로 가는 전봉준」이 당선되어 등단했다. 『서울로 가는 전봉준』, 『모닥불』, 『그리운 여우』, 『바닷가 우체국』 등의 시집이 있다.

흐르는 것들,

사물들,

타자들,

그런 것들을 엿듣고 훔치기.

− 구순희 (1952~)

− 구순희 1952−

경상남도 양산 출생. 1981년 〈현대시학〉에 「갯여자」를 발표하면서 등단했다. 시집 『바람의 바다』, 『내려놓지 마』 등이 있다.

다정한 시여!

예술 중에서 가장 아름다운 예술이여!

우리 안에 창조의 힘을 불러일으키고

우리를 신성神性으로 접근시키는 그대여!

어릴 때 내가 그대에게 바치던 사랑은

수많은 환멸도 꺾질 못했다!

전쟁까지도 시가 내게 미치는 영향력을

더욱 커지게 하였으니,

이제부터 별 박힌 내 머리와 하늘이 서로

혼동되기에 이른 것은

전쟁과 시의 덕분이다.

– G. 아폴리네르 (1880~1918)

– G. 아폴리네르 Guillaume Apollinaire, 1880~1918

프랑스의 시인. 20세기 새로운 예술창조자로 불리며 『썩어가는 요술사』, 『동물시집』 등의 작품을 썼다. 그의 평론 『입체파 화가』, 『신정신』 등은 모더니즘 예술의 발전에 많은 영향을 주었다.

시란 작렬이다.

시의 생성은 아메바적 분열작용에서만 유래한다.

시와 시인은 같은 조각이다.

– 김상용 (1902~1951)

– 김상용 1902 1951

경기도 연천 출생. 일본 릿쿄 대학 영문과 졸업 후 귀국하여 이화여전 교수로 재직했다. 〈동아일보〉에 「그러나 거문고의 줄은 없고나」 「남으로 창을 내겠소」를 발표했다. 1939년 〈문장사〉를 통해 첫 시집 『망향望鄕』을 발표했다.

벅찬 첫 옹알이이며

절명가와 같은 마지막 노래.

– 최영철 (1956~)

– 최영철 1956

경상남도 창녕 출생. 1986년 〈한국일보〉 신춘문예를 통해 등단했다. 시집 『아직도 쭈그리고 앉은 사람이 있다』, 『찔러본다』 등이 있다.

내가 쓰는 것이 아니라,

내 몸을 빌려 흘러나오는 우주의 노래.

— 양애경 (1956~)

— 양애경 1956~

서울 출생. 충남대 국문과 및 동 대학원 문학박사. 1982년 〈중앙일보〉 신춘문예에 당선되어 등단했다. 『나비』, 『열』, 『멋진 저녁』 등의 시집을 발표했다.

"길은 식물의 물관부와 같은 것일까.

한참 빨려 들어가다 보면 사람이, 사람의 영혼이

문득 새로 눈뜨거나 피어나는 데가 있다. (……)

정선에서 우포늪에서 섬진강 가에서 나는 잠시 서 있었고,

그때 내 삶의 궁기가 보였다. 그걸 베껴 적었다."

내겐 이것이 시가 되었다.

"재미라는 말 안에 인생 전부, 전반을 우겨넣고

말할 수 있다면, 그렇게 말해본다면 나는 시 쓰려는 심리,

쓰는 노력보다 더 그런 듯한 일이 없는 것 같다."

이것이 나의 시쓰기이다.

"절경은 시가 되지 않는다. 사람의 냄새가

배어 있지 않기 때문이다. 사람이야말로 절경이다.

그래, 절경만이 우선 시가 된다.

시, 혹은 시를 쓴다는 것은 그 대상이 무엇이든

결국 사람 구경일 것이다."

이것이 시, 시쓰기에 대한 나의 생각이다.

– 문인수 (1945~)

문인수 1945

경상북도 성주 출생. 동국대 국문과 졸업. 1985년 〈심상〉에 「능수버들」 등을 발표하며 등단했다. 시집 『늪에 늪이 젖듯이』, 『세상 모든 길은 집으로 간다』, 『쉿!』, 『배꼽』 등을 발표했다. 시와시학상, 편운문학상을, 한국 가톨릭문학상, 미당문학상을 수상했다.

단도의 서늘한 직입처럼,

춘철의 난만한 살인처럼!

– 정수자 (1957~)

– 정수자 1957~

경기도 용인 출생. 아주대 국문과와 동 대학원 졸업. 1984년 세종대왕숭모제전 전국시
조백일장 장원으로 등단했다. 『허공 우물』, 『저물녘 길을 떠나다』 등의 시집을 발표했다.

일몰,

어떤 감정이든 황홀하다.

— 김경미 (1959~)

— 김경미 1959~

서울 출생. 한양대, 고려대 대학원 졸업. 1983년 〈중앙일보〉 신춘문예에 「비망록」이 당선되면서 등단했다. 시집 『쉿, 나의 세컨드는』 등을 발표했으며 노작문학상, 서정시학 작품상 수상했다.

영원과 불멸을 향한

필생의 헌신과 각고.

– 박주택 (1959~)

— 박주택 1959~

충청남도 서산 출생. 경희대 대학원 국문과 졸업. 1986년 〈경향신문〉 신춘문예에 「꿈의
이동건축」이 당선되어 등단했다. 소월시문학상 대상을 수상했다.

시란 영혼의 음악이다.

보다 위대하고 다감한 영혼들의 음악이다.

— 볼테르 (1694~1778)

— 볼테르 Voltaire, 1694 - 1778

18세기 프랑스의 철학자, 역사가, 문학자, 계몽주의 운동의 선구자. 디드로의 『백과전서』 간행에 협력했다. 비극 작품으로 17세기 고전주의의 계승자로 인정받고 있으며, 『자디그』, 『캉디드』 등의 철학소설과 역사 작품이 높이 평가받고 있다.

시는 천계다.

그러나 그 천계는 스스로가 만든 것이다.

- 조지훈 (1920~1968) 『영원과 고독을 위한 단상』

경상북도 영양 출생. 혜화전문학교 문과 졸업. 고려대 교수, 고려대학교 민족문화연구소 초대 소장을 지냈다. 1939년 4월 〈문장〉에 시 「고풍의상古風衣裳」이 추천을 받으면서 등단했다. 『청록집靑鹿集』, 『풀잎단장斷章』, 『조지훈시선趙芝薰詩選』, 『역사 앞에서』 등의 시집이 있다.

나의 경우 시에 있어서는 많은 이미지가 필요하다.

왜냐하면 시의 중심이 많은 이미지이기 때문에

나는 하나의 이미지를 만든다.

―'만든다'라는 말은 적당치 않지만,

나는 나의 이미지에

내 내부에서 정서의 여러 가지 배색을 물들여 놓고

그것에 내가 가지고 있는 지적이고 비평적인 힘을

적용하여 그것이 또 다른 이미지를 낳게 한다.

그리곤 그 제2의 이미지를 제1의 그것과 모순시켜,

그 둘에서 난 제3의 이미지에서

제4의 모순하는 이미지를 만들고

그 모든 것을 나에게 주어진 형식적인 제한의 범위 내에서

서로 모순시킨다.

각각의 이미지는 그 속에

스스로를 파괴하는 종자를 가지고 있다.

즉 나의 변증적 방법(나는 그렇게 이해하고 있다)은

중심의 종자에서 성장하는 많은 이미지의

끊임없는 건설과 파괴며,

그 중심의 종자도

그 자신으로 파괴적인 동시에 건설적인 것이다. (……)

나의 시의 생명은 중심에서 나오지 않으면 안 된다.

다시 말하면

하나의 이미지는 다른 이미지 속에서 나와,

그리고 죽지 않으면 안 된다.

나의 이미지의 건설은 창조와 재창조와

파괴와 모순이 아니면 안 되는 것이다. (······)

이미지의 어쩔 수 없는 충돌에서 (아무리 해도

피할 수 없는 충돌에서)—아무리 해도 피할 수 없다는 것은

자극을 주는 중심 즉, 충돌의 모태가

창조와, 재창조와, 파괴와,

모순의 성질을 갖기 때문에—

나는 시라는 순간적 평화를 만들려고

시도하는 것이다.

– 딜런 토마스 (1914~1953)

– 딜런 토마스 Dylan Marlais Thomas, 1914~1953

영국의 시인. 어려서부터 시를 쓰기 시작해 처녀작 『18편의 시18 Poems』로 천재시인으로 인정받았다. 이후 『25편의 시Twenty-Five Poems』, 『사랑의 지도The Map of Love』 등으로 1930년대를 대표하는 시인이 되었다.

시는
짝사랑

짝사랑

고두현

빈 들판 한가운데
홀로 젖는 산

꽃잎 진 자리마다
새로 돋는 남녘 길을

제 몸의 상처 지져
찻잎 따러 가던 사람아.

그 숱한 발열과 오한,
설사 구토의 징후들!

– 박기섭 (1954~)

– 박기섭 1954~

대구 출생. 1980년 〈한국일보〉 신춘문예에 시조가 당선되면서 등단했다. 오늘의 시조문학상, 중앙시조대상, 고산문학대상 등을 수상했다. 『가다 만 듯 아니 간 듯』, 『달의 문하』, 『엮음 수심가』 등의 작품집을 펴냈다.

시는, 돌을, 한 줌, 집어,

허공중에, 확, 뿌려서,

만든, 별자리 같다는, 생각.

– 김영승 (1958~)

– 김영승 1958~

인천 출생. 성균관대 철학과 졸업. 1986년 〈세계의 문학〉 가을호에 「반성·序」 외 3편의
시를 발표하며 등단했다. 『반성』 『車에 실려가는 車』 『취객의 꿈』 『몸 하나의 사랑』 『권
태』 등 시집을 발표했다. 현대시작품상, 불교문예작품상 등을 수상했다.

종이라는 평면에 적히지만 시이기에

입체적인 언어가 된다.

시는 공간을 만들고 우주를 만든다.

시간을 늘이기도 하고 줄이기도 한다.

시는 일상어를 확장시키고 굴절시킨다.

때로는 일상어를 부정하고

배신하기까지 하면서 탈세상을 꿈꾼다.

때로는 언어로써 세상을 바로잡겠다는

무모한 시도도 한다.

애매성과 구체성, 은유와 환유, 기법과 정신,

환상과 현실, 형이상학과 형이하학······.

그 틈바구니에서 시인은 아파한다.

그래서 시는 극점의 언어,

극한의 언어이다.

8000미터급 고산의 정상을 눈앞에 두고

마지막 피치를 올리는 그 집념으로 쓰는 것이다.

최후진술을 한다는 각오로,

유언을 남긴다는 각오로 오늘도 나는

또 한 편의 실패작을 쓰고 있을 뿐이다.

– 이승하 (1960~)

경상북도 의성 출생. 1984년 〈중앙일보〉, 1989년 〈경향신문〉 신춘문예로 등단했다. 『욥의 슬픔을 아시나요』, 『뼈아픈 별을 찾아서』 등의 시집과 산문집 『헌 책방에 얽힌 추억』, 『빠져들다』 등을 발표했다. 대한민국문학상 신인상, 지훈문학상, 중앙문학상 등을 수상했다.

이것이 시다 라고 말하는 순간
그 말을 배반하고 마는 그것.

— 최정례 (1955~)

— 최정례 1955~

경기도 화성 출생. 고려대 국문과와 동 대학원 졸업. 1990년 〈현대시학〉으로 등단했다.
작품으로 『내 귓속의 장대나무 숲』, 『붉은 밭』 등이 있다.

방대한 저작을 남기는 것보다
평생에 한 번이라도
훌륭한 이미지를 만드는 것이 낫다.

– E. 파운드 (1885~1972)

– E. 파운드 Ezra Pound, 1885~1972

미국의 시인. 20세기 초반 T. S. 엘리엇Thomas Sterns Eliot과 함께 모더니즘 활동의 선구자
였다. 파리로 활동지를 옮긴 뒤엔 정치와 경제에 관심을 두고 예술 활동에 반영하기도
했다. 조각 같은 형태로 언어를 표현하고자 했으며 번역에도 뛰어났다. 『가면』, 『캔토스』
등의 시집을 발표했다.

시 또한 삶은 안개가 아닌가.
답이 없는 세계,
답이 있을 수 없는 세계,
그 안개 같은 실제를
지금 더듬고 있는 거다.

― 조병화 (1921~2003) 『인생은 큰 안개이다』

조병화 1921 2003

경기도 안성 출생. 일본 도쿄고등사범학교에서 물리 전공. 1949년 시집 『버리고 싶은 유산』으로 등단했다. 『하루만의 위안』, 『공존의 이유』 등의 시집이 있다.

존재하지만 존재하지 않는 것을 위한,

비 오는 달밤 허수아비 춤.

– 김신용 (1945~)

– 김신용 1945~

부산 출생. 1988년 〈현대시사상〉을 통해 등단했다. 시집 『버려진 사람들』, 『개 같은 날들의 기록』, 『도장골시편』 등과 장편소설 『달은 어디에 있나 1, 2』, 『기계 앵무새』를 발표했다. 소월시문학상 우수상, 천상병시상, 노작문학상 등을 수상했다.

그러는 시의 주소는 여기에 있다.

지리하고 긴 회임懷妊,

쉽사리 단안을 못 내리는

사념의 발열,

심층심리 안의 문답,

외롭게 희귀한 개성적 심상心像,

선명하지도 밝지도 못한 사고의 교착膠着,

암시,

암시,

모든 잠재의식과 꼬리가 긴 여운.

시인이 버리면 영 유실되는 것,

시인이 명명하지 않으면

영 이름이 붙지 못하는 것.

원초의 작업 같은

혼돈에의 투신과 첩첩한 미혹,

그리고 눈물 나는 긴 방황.

— 김남조 (1927~) '시詩의 주소住所는 어디인가'

— 김남조 1927~

대구 출생. 서울사대 국어교육과 졸업. 1950년 〈연합신문〉에 시 「성수星宿」, 「잔상殘像」 등
을 발표했으며, 1953년 첫 시집 『목숨』을 발표했다. 『평안을 위하여』, 『외롭거든 나의 사
랑이소서』, 『가난한 이름에게』, 『귀중한 오늘』 등의 시집이 있다.

시는 경험을 공책에 옮기는 것,

새롭거나 재미있게.

－ 공광규 (1960~)

공광규 (1960~)

충청남도 청양 출생. 동국대 국문과 졸업. 1986년 〈동서문학〉에 시 「저녁1」 등 5편이 신인문학상에 당선되었다. 시집 『대학일기』 『마른 잎 다시 살아나』 『지독한 불륜』 『소주병』 등을 발표했다.

창조의 파괴!

대개 절창이란

자신을 절단 낸 뒤에야 오는 것.

– 천양희 (1942~)

부산 출생. 경남여고, 이화여대 국문과 졸업. 1965년 〈현대문학〉에 「화음」, 「아침」을 발표하며 등단했다. 〈기독교시단〉 동인으로 활동했다. 『신이 우리에게 묻는다면』, 『사람 그리운 도시』, 『오래된 골목』, 『너무 많은 입』 등의 시집을 발표했다.

침묵은 일견 아무 힘이 없는 것 같지만
우리 마음에 파동을 일으키는 물결을 지니고 있다.
침묵은 아무 말도 말하지 않으면서
모든 것을 말하는 방식이다.
그러한 침묵은 우리에게 허기를 일깨운다.
허기는 '안'에서 느끼는 것이지
'밖'에서 느끼는 것은 아니지 않는가!
그런데 허기에는 얼마나 격렬한 숨죽임이 있는가.
허기는 또한 비움이며,
그 비움이 아름다움을 불러온다.
나는 비워서 충만해지는 상태가 아름다움이라 생각한다.
삶 혹은 시는
허기진 사람에게만 약동한다.

– 박형준 (1966~)

– 박형준 1966~

전라북도 정읍 출생. 명지대 대학원 문예창작학 박사과정 수료. 1991년 〈한국일보〉 신춘문예에 「가구家具의 힘」이 당선되면서 등단했다. 소월시문학상 대상, 현대시학작품상, 동서문학상을 수상했다.

시는 순간의 형이상학이다.
하나의 짤막한 시편 속에서 시는
우주의 비전과 영혼의 비밀과
존재와 사물을 동시에 제공해야 한다.

– G.바슐라르 (1884~1962) 『시적 순간과 형이상학적 순간』

– G. 바슐라르 Gaston Bachelard, 1884~1962

프랑스의 철학자. 디종 대학과 소르본 대학에서 과학사와 인식론적 장애와 단절의 개념
을 도입한 과학철학을 강의했다. 그의 철학은 미셸 푸코와 루이 알튀세르 등에 많은 영
향을 미쳤다. 주요 저서로 『불의 정신분석』, 『공간의 시학』, 『몽상의 시학』 등이 있다.

시는

찰나의 빛을 숨 쉬는 맹금류의

붉은 묵구멍이다.

– 오정국 (1955~)

– 오정국 1955~

경상북도 영양 출생. 중앙대 문예창작과 졸업. 1980년 〈대구매일신문〉 신춘문예에 단편
소설 당선. 1988년 〈현대문학〉에 시 추천으로 등단했다. 『저녁이면 블랙홀 속으로』, 『모
래무덤』 등의 시집을 발표했다.

곳과 것 사이,

어딘가의 복중腹中,

말의 말세來世

그리고 사랑의 얼굴.

─ 황학주 (1954~)

─ 황학주 1954~

광주 출생. 세종대 영문과와 한양대 교육대학원 졸업. 1987년 시집 『사람』으로 등단했다.
시집 『갈 수 없는 쓸쓸함』, 『내가 드디어 하나님보다』, 『카지아도 정거장』 등을 발표했다.

소의 커다란 눈은

무언가 말하는 듯한데

내 귀는 듣지 못하네.

— 김기택 (1957~)

— 김기택 1957~

경기도 안양 출생. 경희대 대학원 국문과 졸업. 1989년 〈한국일보〉 신춘문예에 「곱추」가
당선되어 등단했다. 시집 『태아의 잠』, 『바늘구멍 속의 폭풍』 등을 발표했다. 김수영문학
상, 현대문학상, 미당문학상, 지훈문학상, 상화시인상, 경희문학상 등을 수상했다.

같은 바다의 식구들이지만,

배와는 달리

붉고기는 결코

부두에 정박하지 않는다.

– 상희구 (1942~)

– 상희구 1942

대구 출생. 1961년 대구상고 졸업. 1987년 〈문학정신〉 신인상을 수상하며 등단했다. 시집 『발해기행』, 『요하의 달』 등을 발표했다.

시는

몸을 빌려 만인을 위해

울고, 울어주는 것.

– 고영민 (1968~)

충청남도 서산 출생. 중앙대 문예창작과 졸업. 2002년 〈문학사상〉을 통해 등단했다. 『사슴공원에서』, 『악어』 등의 시집을 펴냈다. 지리산문학상을 수상했다.

나이 어려서 시를 쓴다는 것처럼 무의미한 것은 없다.
시는 언제까지나 끈기 있게 기다리지 않아서는
안 되는 것이다. 사람은 일생을 두고
그것도 될 수만 있으면 70년, 혹은 80년을 두고
벌처럼 꿀과 의미를 모아 두지 않으면 안 된다.
그리하여 최후에 가서 서너 줄의
훌륭한 시가 써지는 것이다.

— R. M. 릴케 (1875~1926) 『말테의 수기』

— R. M. 릴케 Rainer Maria Rilke, 1875~1926

독일의 시인. 실존주의 사상의 시적 대표자로 불리며 근대 사회의 모순과 고독, 죽음, 사랑의 문제에 관한 많은 시를 남겼다. 깊은 종교성을 보이는 『신에 관하여 Geschichten vom lieben Gott』, 『형상形像 시집 Das Buch der Bilder』 등 다수의 작품이 있다. 불안과 고독을 신앙적 측면에서 노래한 독일의 대표적인 근대 시인이다.

흰 돌에 맹물로 새기는,

처음 보는 매서운 눈빛들.

– 장석남 (1965~)

– 장석남 1965~

인천 출생. 서울예대 문예창작과 졸업. 1987년 〈경향신문〉 신춘문예를 통해 등단했다.
시집으로 『새떼들에게로의 망명』, 『물 긷는 소리』 등이 있다.

세상 모든 ~~~~~~~~~~~~~~~~~,

세상 모든 ~~~~~~~~~~~~~~~~~~~~~~~~

      – 정끝별 (1964~)

전라남도 나주 출생. 이화여대 국문과 및 동 대학원 졸업. 1994년 〈동아일보〉 신춘문예에 평론 「서늘한 패로디스트의 절망과 모색」이 당선되면서 등단했다. 『자작나무 내 인생』, 『와락』 등의 시집을 발표했다.

대치하다,

화해하다,

배반하다,

함몰하다,

이 비루한 연애!

– 송종규 (1952~)

경상북도 안동 출생. 대구 효성여대 약학과 졸업. 1989년 〈심상〉을 통해 등단했다. 『그대에게 가는 길처럼』, 『고요한 입술』, 『정오를 기다리는 텅 빈 접시』 등의 시집을 발표했다.

시는

내 몸을 흘러 다니는 바늘,

별에서

문신냄새가 난다.

– 서안나 (1965~)

– 서안나 1965~

제주 출생. 한양대 대학원 국문과 졸업. 1990년 〈문학과 비평〉 겨울호 시 부문 신인상을 수상하며 등단했다. 1991년 〈한라일보〉 신춘문에 소설부문에서 당선작 없는 가작을 수상했다. 시집 『푸른 수첩을 찢다』, 『플롯 속의 그녀들』 등을 발표했다.

서사시의 흥미는 작자가 아니고
그 시 속의 사건이다.
예를 들면
그리스의 위대한 서사시인 호메로스는
개인적으로는 실제 인물인지 아닌지 분명치 않을 만큼
아무래도 좋은 인물이다.
다만 호메로스의 시 속의 영웅들에
흥미를 느낄 따름이다.
이에 비해 같은 그리스의 위대한 서정시인
만나의 시를 읽을 때는 시 속의 영웅들은
무엇이든가 관계할 바 없고 다만
시인 그 자신에 일체의 흥미를 느끼게 되는데
서정시의 주관적인 이유는 여기에 있다.

– 단테 (1265~1321)

– 단테 Durante degli Alighieri, 1265~1321

이탈리아의 시인. 피렌체에서 태어나 신학을 비롯한 중세의 스콜라 철학과 아리스토텔레스 철학에 심취했다. 이는 그의 작품 『신곡』에 잘 반영되어 있다. 라틴어로 쓴 연애시와 피렌체 추방 후 쓴 『향연』과 이탈리아의 토착어를 언어학적으로 분석한 『토착어에 대하여』 등의 대표작이 있다.

하늘을 향한 두 발 짐승의 시원한 노래,

앞발 두 개는 허공에 걸고.

– 이홍섭 (1965~)

이홍섭 1965

강원도 강릉 출생. 강릉대 국문과, 경희대 대학원 국문과, 동국대 대학원 국문과 졸업.
1990년 〈현대시세계〉로 등단했다. 『강릉, 프라하, 함흥』, 『터미널』 등의 시집을 발표했다.

난
꽃들에게 내 아픔을
다 느끼게 해주고 싶네.

– 조용미 (1962~)

– 조용미 1962~

경상북도 고령 출생. 서울예술대 문예창작과 졸업. 1990년 〈한길문학〉에 「청어는 가시가 많아」를 발표하며 등단했다. 『불안은 영혼을 잠식한다』, 『기억의 행성』 등의 시집이 있다.

시는 우주에 담긴 비밀의 광선을 찾아내

우리에게 잃어버린 천국을 소생케 한다.

— D. E. 시트웰 (1887~1964)

— D. E. 시트웰 Dame Edith Louisa Sitwell, 1887~1964

영국의 시인. 작품으로는 『광대의 집』, 『나무의 천마 天馬』, 『전원의 희극』 등이 있다. 1954년 대영제국 훈장 2등급(DBE, 작위급 훈장)을 받았다.

차이가 의미를 만든다.
끊임없이 다시 쓰되
다르게 쓰는 것이 詩다.

— 강연호 (1962~)

— 강연호 1962~

대전 출생. 고려대 국문과와 동 대학원 졸업. 1991년 〈문예중앙〉 신인문학상에 「세한도
歲寒圖」외 아홉 편이 당선되어 등단했다. 현대시 동인상을 수상했다. 『비단길』, 『잘못 든 길
이 지도를 만든다』 등의 시집이 있다.

시는 내 밖의 것도 내 안의 것도 아니다.
시 이전 혹은 시 이후일 뿐.

– 노태맹 (1962~)

경상남도 창녕 출생. 계명대 철학과 졸업. 1990년 〈문예중앙〉 신인상에 「유리에 가면」 외 4편의 시가 당선되어 등단했다. 시집으로 『유리에 가서 불탄다』와 『푸른 염소를 부르다』 가 있다.

낙타가 바늘구멍을 통과하는 얼굴을
나는 아픈 몸을 보았다!

— 맹문재 (1963~)

— 맹문재 1963~

충청북도 단양 출생. 고려대 대학원 국문과 졸업. 시집 『먼 길을 움직인다』, 『물고기에게 배우다』, 『책이 무거운 이유』와 시론집 『한국 민중시 문학사』, 『지식인 시의 대상애』 등이 있다.

시인은 비유라는 끈으로
조각난 세계를
하나로 잇는 자이다.

– 변의수 (1955~)

– 변의수 1955~

부산 출생. 1996년 〈현대시학〉을 통해 등단했다. 『먼 나라 추억의 도시』, 『달이 뜨면 나무
는 오르가슴이다』, 『비의식의 상징 : 자연 · 정령 · 기호』, 『비의식의 상징 : 검은 태양 속
의 앵무새』 등의 시집과 평론집 『비의식의 상징 : 환상의 새떼를 기다리며』가 있다.

한 편의 시는
하나의 의식(儀式)이다.

따라서 형식적이고 의식적 성격을 갖춘다.
시가 가지는 언어의 용법은
회화의 용어와는 달리
의식적이며 화려한 꾸밈새가 있다.
시가 회화의 용어나 리듬을 이용하는 경우에도
그러한 것과 대조를 이루게 마련인 규범을 미리 전제하고
의식적으로 형식을 피하기 위하여 그렇게 한다.

— W. A. 오든 (1907~1973)

— W. H. 오든 Wystan Hugh Auden, 1907~1973

미국의 시인. '1930년대 시인'의 중심인물로 C. D. 루이스, S. 스펜더, L. 맥니스 등에게 많은 영향을 미쳤다. 대표작으로 『시집 Poems』, 『연설자들 The Orators』, 『보라 여행자여 Look, Stranger!』 등이 있다.

가야 할 바다는 동쪽이야.
그러니 서쪽으로 간다.

– 이원 (1968~)

이원 1968

경기도 화성 출생. 동국대 대학원 문예창작과 수료. 1992년 〈세계의문학〉 가을호에 「시간과 비닐봉지」 외 3편을 발표하며 등단했다. 「그들이 지구를 지배했을 때」, 「불가능한 종이의 역사」 등의 시집을 발표했다. 현대시학작품상, 현대시작품상 등을 수상했다.

시란 본질적인 면에서

인생의 비평이다.

― M. 아널드 (1822~1888)

― M. 아널드 Matthew Arnold, 1822~1888

영국의 시인. 1847년에 제1시집『길 잃은 난봉꾼 및 기타 The Strayed Reveller and Other Poems』를, 1852년에 『에트나 산위의 엠페도클레스 Empedocles on Etna』를 가명으로 발표했다. 1853년 이전 작품들에『소럽과 러스텀 Sohrab and Rustum』등의 신작을 더하여 처음 자신의 이름으로 발표한 『시집 New Poems』이 호평을 받아 시인으로서의 입지를 다졌다.

마을이 가까울수록

나무는 흠집이 많다.

– 이정록 (1964~)

– 이정록 1964~

충청남도 홍성 출생. 공주사범대 한문교육과 졸업. 1989년 〈대전일보〉 신춘문예에 「농부일기」, 1993년 〈동아일보〉에 시 「혈거시대穴居時代」가 당선되면서 등단했다. 〈비무장지대〉의 동인으로 활동하고 있다. 김수영문학상, 김달진문학상을 수상했다.

비 그친 다음날 대나무 숲에서 보았다.

여기저기 싹을 밀어 올리는 죽순.

귀 기울이면 키 크는 소리가 들릴 것 같다.

마디마다 생장점이 있어 하루 만에 소나무의 30년분을

자란다니 그럴 만도 하다.

한 달이면 어른 대나무 키가 되고,

생장이 끝난 뒤엔 더 굵어지지 않고 속을 단단하게 다진다.

그런데, 대나무는 땅 속에서 5~6년을 자란 뒤에야

순을 내민다.

땅 속 줄기가 굵을수록 죽순도 튼실하다.

마디마다 달린 눈 가운데 죽순으로 솟는 것은 고작 10%.
그만큼 오랜 기간을 거치고 생멸의 경계를 지난 뒤
지상에 오른다.
꽃은 일생에 한 번만 피운다.
마지막 순간에 온몸으로 개화하고 생을 마감한다.
바로 이 지점에서 시가 탄생한다.
보이지 않는 곳에서 오래 견딘 뿌리,
삶의 극점에서 단 한 번 피우는 꽃.
매사에 더디고 과작인 내가
특별히 신봉하는 '죽순의 시학'이다.

– 고두현 (1963~)

– 고두현 1963

경상남도 남해 출생. 경남대 국문과 졸업. 1993년 〈중앙일보〉 신춘문예에 유배시첩–남해 가는 길이 당선되면서 등단했다. 시와시학 젊은시인상을 수상했으며, 시집 『늦게 온 소포』, 『물미해안에서 보내는 편지』 등을 펴냈다.

겨자씨 속 수미산!

바늘구멍에다 낙타를 밀어 넣자.

— 이종문 (1955~)

— 이종문 1955~

경상북도 영천 출생. 고려대 대학원 졸업. 1993년 〈경향신문〉 신춘문예를 통해 등단했다. 작품으로 『저녁밥 찾는 소리』 『봄날도 환한 봄날』 등이 있다.

시는

비전의 확장이다.

― K. 지브란 (1883~1931) 『나는 네 행복을 기린다』

― K. 지브란 Kahlil Gibran, 1883~1931

레바논의 작가. 유럽과 미국에서 활동한 철학자, 화가, 소설가이자 시인이다. 『예언자』는 영어로 쓰인 산문시집이며, 아랍어로 쓴 소설 『부러진 날개』가 유명하다.

세계는 피고 지고 나는 흐르네.

옮겨 지으니

시의 눈시울이 붉네.

– 문태준 (1970~)

– 문태준 1970

경상북도 김천 출생. 고려대 국문과 졸업. 1994년 〈문예중앙〉 신인문학상을 수상하며 등단했다. 『수런거리는 뒤란』, 『맨발』 등의 시집을 발표했다. 동서문학상, 노작문학상, 유심작품상, 미당문학상, 소월시문학상 대상 등을 수상했다.

오늘 내가 쓴 시는

내일 내가 쓸 시의 숭고한 기둥이다.

– 윤의섭 (1968~)

– 윤의섭 1968~

경기도 시흥 출생. 아주대 대학원 국문과 박사과정 수료. 1994년 〈문학과사회〉를 통해
등단했다. 시집 『말괄량이 삐삐의 죽음』, 『천국의 난민』 등을 펴냈다.

불안도

꽃이다.

– 이규리 (1955~)

– 이규리 1955

경상북도 문경 출생. 계명대 대학원 문예창작과 졸업. 1994년 〈현대시학〉을 통해 등단
했다. 시집 『앤디 워홀의 생각』 등이 있다.

왼쪽 비는 내리고
오른쪽 비는 내리지 않는다.

– 이수명 (1965~)

– 이수명 1965~

서울 출생. 서울대 국문과 졸업. 중앙대 문예창작과 박사과정 수료. 1994년 〈작가세계〉
겨울호에 「우리는 이제 충분히」 외 4편으로 신인상을 받으며 등단했다. 박인환문학상, 현
대시작품상, 노작문학상을 수상했다.

아무것도 아닌 질문을

거의 모든 것이라 믿고 있는 이가 있다.

여기.

— 이병률 (1967~)

— 이병률 1967~

충청북도 제천 출생. 서울예술대 문예창작과 졸업. 시집 『당신은 어딘가로 가려 한다』,
『바람의 사생활』, 『찬란』과 산문집 『끌림』, 『바람이 분다 당신이 좋다』를 발표했다. 현대시
학작품상을 수상했다.

영원히 이별해 있는 우리들이
무심코 고개를 들었을 때
너와 나 사이에 발생하는
기상현상 및 자연기호의 총칭―
가령 번개의 시,
밤의 시,
이슬의 시,

천둥의 시,

무지개의 시,

석양의 시,

낮달의 시,

그리고 손에 잡힐 듯 잡히지 않는,

보일 듯 끝내 보이지 않는 영혼의 지구 자체.

– 이장욱 (1968~)

이장욱 1968~

서울 출생. 고려대 노어노문과와 동 대학원에서 석박사 학위 수료. 1994년 〈현대문학〉 신인추천에 당선되어 등단했다. 『내 잠 속의 모래밭』, 『정오의 희망곡』, 『생년월일』 등의 시집이 있다.

시는 그림자까지 살아 있다.
내게 골몰하는 순간 세계는 확산한다.

— 권현형 (1966~)

— 권현형 1966~

강원도 주문진 출생. 강릉대 영문과 졸업. 경희대 대학원 국문과 석박사 수료. 〈시와시학〉을 통해 등단했으며, 시집 『밥이나 먹자, 꽃아』 등이 있다. 한국문화예술위원회 창작지원금 수혜, 미네르바 작품상을 수상했다.

꽃을 넘어와 씨알로 남은 시는

죽지 않는다.

– 김길나 (1940~)

김길나 1940~

전라남도 순천 출생. 1995년 시집 『새벽 날개』로 데뷔했다. 『빠지지 않는 반지』, 『둥근 밀떡에서 뜨는 해』 등의 시집을 발표했다. 네 번째 시집 『홀소리 여행』은 우리나라에서는 처음으로 한글의 닿소리와 홀소리 전부를 시의 제재로 삼았다.

붉은 피가 검은 잉크로 변해갈 때까지……

쓰고 또 쓴다.

– 강기원 (1957~)

– 강기원 1957

서울 출생. 이화여대 정치외교학과 졸업. 1997년 〈작가세계〉에 시 「요셉 보이스의 모자」
가 당선되어 등단했다. 김수영문학상을 수상했으며, 시집 『고양이 힘줄로 만든 하프』 등
이 있다.

쓸모없는 짓에 최선을 다하는 것,

이게 시의 슬픔이고 기쁨이다.

– 손택수 (1970~)

전라남도 담양 출생. 1998년 〈한국일보〉, 〈국제신문〉 신춘문예에 당선되어 등단했다. 시집 『호랑이 발자국』, 『목련전차』, 『나무의 수사학』 등이 있다. 신동엽창작상, 오늘의젊은예술가상, 임화문학예술상 등을 수상했다.

"나뭇가지를 타고 다니며 나무의 수액을 핥는
청설모의 하는 양을 보며 문득 생각한다.
시란 저 나무와 같은 것이겠거니,
어미 청설모와 그 새끼들의 입을 적셔 주고
목을 축여 주는
수액을 분비해 내는 일! (······)
내 시는 네겐 해로운 분비물인 것 같구나"
졸시의 하나인「청설모」를 통해 나는 '은근슬쩍' 혹은
'작정한' 나의 시론을 내비치고자 한 적이 있다.
시는 '수액'과 같은 자양분이 되어도 좋으나
'해로운 분비물'처럼 끙끙 생을 앓게 하는
독毒이 된다 해도 좋으리라.
창작의 근원을 캐려는 시도는 이미 오래 전에도 있었다.
박용철의「변용 시론」이나
하우스만의「분비물 시론」등이 그것이다.
정신과 육체의 분비물의 총합이자
그 양 톱니바퀴의 맞물림을 통해 운용되는
총체적 삶의 소산,
것이 바로 내가 쓰는 시의 정체일 것이다.

위대한 시인들에게는 탁월한 시론이 있었다.

김수영 · 김춘수가 그러했고 엘리엇이 그러했다.

그러나 내내 시를 쓴다고 하면서

변변한 시론 하나 가지고 있지 못한 시인으로서의

내 자괴감은 크다.

이형기 선생의 말을 빌리자면

'쓰고자' 해서 쓰는 시가 아니라

'쓸 수밖에' 없어 쓰는 시의 차원에

머무르고 있기 때문일까.

— 이선영 (1964~)

— 이선영 1964~

서울 출생. 이화여대 국문과와 동 대학원 졸업. 1990년 〈현대시학〉에 「한여름 오후를 장
의차가 지나간다」 외 8편을 발표하며 등단했다. 『오, 가엾은 비눗갑들』, 『글자 속에 나를
구겨넣는다』, 『평범에 바치다』 등의 시집을 발표했다.

발버둥치는 인간에 대한 응시.

근육 가지곤 안 되는 이상한 육체노동.

— 이영광 (1965~)

경상북도 의성 출생. 고려대 영문과와 동 대학원 국문과에서 석사학위와 박사과정 수료.
1998년 〈문예중앙〉을 통해 등단했다. 『직선 위에 떨다』, 『그늘과 사귀다』 등의 시집을 발
표했다. 노작문학상, 지훈상, 미당문학상 등을 수상했다.

새로운 것을 시에 쓰는 것이 아니라,

시를 쓰면서 우리는 새로워진다.

– 김행숙 (1970~)

— 김행숙 1970~

서울 출생. 고려대 국어교육과 졸업, 동 대학원 국문과에서 박사과정 수료. 1999년 〈현대문학〉을 통해 등단했다. 노작문학상을 수상했다.

시는
언제나 첫길

초행

고두현

처음 아닌 길 어디 있던가

당신 만나러 가던
그날처럼.

시의 으뜸가는 목적은

즐거움이다.

– J. 드라이든 (1631~1700)

– J. 드라이든 John Dryden, 1631~1700

영국의 비평가. 영국 왕정복고기의 대표적인 시인이자 극작가다. 초기 크롬웰의 공화정치를 지지해 애도가를 썼으나, 왕정이 복귀된 후 왕정을 찬미하는 「정의의 여신의 재림 Astraea redux」을 집필했다. 극작품은 마르쿠스 안토니우스와 클레오파트라의 비련을 엮은 『지상의 사랑』이 가장 유명하다. 정확한 세익스피어 비평으로 '영국 비평의 아버지'로 불린다.

살아 있는 시에

새가 앉는다.

– 이기인 (1967~)

– 이기인 1967~

인천 출생. 서울예대 문예창작과, 성균관대 대학원 국문과 졸업. 2000년 〈경향신문〉 신춘문예에 『방직공장의 소녀들』이 당선되어 등단했다. 시집 『알쏭달쏭 소녀백과사전』, 『어깨 위로 떨어지는 편지』 등이 있다.

침묵하라.

의미의 과잉은 오히려 그 말이 가진

최소한의 청각적 울림보다 못할 때가 많다.

— 여태천 (1971~)

— 이태천 1971 —

경상남도 하동 출생. 고려대 대학원 국문학 박사. 2000년 〈문학사상〉 신인상을 수상하며 등단했다. 『스윙』, 『국외자들』 등의 시집과 비평서 『미적 근대와 언어의 형식』, 『김수영의 시와 언어』를 발간했다. 김수영문학상을 수상했다.

시는

내가 모르는 모든 것.

– 김이듬 (1969~)

– 김이듬 1969~

경상남도 진주 출생. 부산대 독문과, 경상대 대학원 국문과 박사과정 수료. 2001년 계간
〈포에지〉 가을호에 「욕조 a에서 달리는 욕조 A를 지나」 외 6편을 발표하며 등단했다.

너는 부디 바로 보라,

나는 기어이 거꾸로 보마.

— 최금진 (1970~)

충청북도 제천 출생. 춘천교대 졸업. 1997년 〈강원일보〉 신춘문예를 통해 등단했다. 시집으로는 『새들의 역사』, 『황금을 찾아서』 등이 있다.

공중이라는 식탁 위에 차려진 한 끼 식사.

지상이라는 해먹 위에서 꾸는 슬픈 꿈.

– 김중일 (1977~)

김중일 1977~

서울 출생. 2002년 〈동아일보〉 신춘문예를 통해 등단했다. 시집 『국경꽃집』, 『아무튼 씨 미안해요』 등이 있다. 김구용시문학상, 신동엽문학상을 수상했다.

불가능을 사랑한,

다다를 수 없는 것만이 공법인 검법.

– 조정인 (1953~)

– 조정인 1953~

서울 출생. 한국방송통신대 국문과 졸업. 1998년 〈창작과비평〉으로 등단했다. 시집으로는 『새가 되고 싶은 양파』, 『장미의 내용』 등이 있다.

한때 내게 시는 '끝까지 가는 것'이었다.

그것만 '진짜'였고 나머지는 다 '가짜'였다.

지금은 이렇게 말하겠다.

시는 적당적당的當適當히 가는 것이다.

끝까지 갔다가,

또는 끝까지 가려다 무서워서 되돌아 나오는

비겁의 자리가 시의 마음자리다.

양극단을 다녀온 가운뎃점이라 할 만하다.

경經과 선전포고가 시보다 더 훌륭하다.

하지만 시는 성聖의 비듬과 각질이며,

시는 속俗의 하품과 재채기이다.

해탈의 포즈는 위선이어서 가증스럽다.

자폐의 방백도 위악이므로 못마땅하다.

어느 쪽이든 비루한 삶의 자리로 생환해야 시다.

시는 어쩔 줄 모르는 삶의 흔들리는 언어다.

시는 흔들리는 삶의 어쩔 줄 모르는 언어다.

– 김중식 (1967~)

– 김중식 1967~

인천 출생. 서울대 국문과 졸업. 1990년 〈문학사상〉으로 등단했다. 시집 『황금빛 모서리』가 있다.

시란

사물을 있는 그대로 보는 것이다.

– T. E. 흄 (1883~1917)

– T. E. 흄 Thomas Ernest Hulme, 1883~1917

영국의 시인. 베를린에서 철학과 심리학을 전공한 후 런던에서 사상가, 예술가를 모아
'시인클럽'을 설립했다. 독특한 개성을 담은 이미지즘 시 운동을 주도하며 원죄에 근거한
종교적 세계관, 고전주의적 예술관으로 후대 문인들에게 많은 영향을 끼쳤다.

몰입한 흔적을
가장 이끌리는 언어로 소통하려는 시도.

— 심언주 (1962~)

— 심언주 1962~

충청남도 아산 출생. 2004년 〈현대시학〉에 「예감」 외 4편의 시가 당선되어 등단했다. 시집으로는 『4월아, 미안하다』가 있다.

세상의 가장 깊고 은밀한 곳,

그 중심을 뚫고 싶어.

– 곽효환 (1967~)

– 곽효환 1967~

건국대 언론홍보대학원 졸업. 고려대 대학원 국문과에서 박사과정 수료. 1996년 〈세계일보〉에 「벽화 속의 고양이 3」, 2002년 〈시평〉에 「수락산」 외 5편을 발표하며 작품 활동을 시작했다.

누구는 내리는 비를 바라보고
누구는 내리는 비의 사이를 본다.

– 천서봉 (1971~)

천서봉 1971

서울 출생. 국민대 조형대학 졸업. 2005년 〈작가세계〉로 등단했다. 시집으로 『서봉씨의 가방』이 있다.

'나'라는 불투명한 거울을

들여다보기.

– 이근화 (1976~)

– 이근화 1976

서울 출생. 단국대 국문과 졸업. 고려대 대학원 국문과 박사과정 수료. 2004년 〈현대문학〉 시 부문 신인상으로 등단했다. 『칸트의 동물원』, 『안녕, 외계인』, 『우리들의 진화』 등의 시집이 있다.

훌륭한 시를 만드는 것이

생래적 재능인가

아니면 숙련의 결과인가 하는

현안을 두고

사람들은 내게 의문을 제기했다.

하지만 나로서는 타고난 능력이 없이

연마의 가치를 인정할 수 없으며

부단한 자기훈련을 무시하고서

천재의 가치를 구현할 수 없다고 믿고 있다.

이 두 가지는

서로의 도움을 필요로 하고 있으며

양자는 결국 상호의존적으로

제휴할 수밖에 없다고 생각한다.

– 호라티우스 (BC 65~BC 8)

– 호라티우스 Quintus Horatius Flaccus, BC 65~BC 8

로마의 시인. 풍자시와 서정시로 아우구스투스 황제의 애정을 받았으며 유머러스하고 인간미가 느껴지는 시를 주로 썼다. 아르킬로쿠스를 모방한 비판적인 시 「에포디」와 루키리우스의 전통을 계승한 「풍자시」를 썼다. 알카이오스를 모방한 『서정시집』 4권은 로마의 서정시를 대표하는 작품으로 꼽힌다.

말의 숲을 태워 한 줌의 재로 만들고,

한 생生을 살라 별자리를 남기는 것.

– 전형철 (1977~)

– 전형철 1977~

충청북도 옥천 출생. 고려대 국문과와 동 대학원 졸업. 2007년 〈현대시학〉으로 등단했다.

언어가 나를 죽이고
풍경만 남길 때에야 시가 된다.

– 전영관 (1961~)

– 전영관 1961~

충청남도 청양 출생. 2007년 토지문학상 수상과 이듬해 〈전주신문〉 가을문예. 2011년 〈작가세계〉 신인상을 수상하며 등단했다. 서울문화재단 창작지원금을 받았으며 시집 『바람의 전입신고』를 펴냈다.

시를 쓰는 사람이 다른 사람과 다르다고 해서

칼을 만드는 대장장이나 모자를 만드는 사람만큼이나

그렇게 큰 차이가 있다는 말은 아니다.

시를 쓰는 사람이 얻는 명성이

모자를 만드는 사람이 얻는 명성보다

뛰어난 까닭이라든가,

시를 쓰는 사람한테서 풍기는 품위에 눌려서

연마공의 체면은 그늘에 가려버리고 마는 까닭이라든가,

시를 쓰는 사람이 누릴 수 있는

목숨이나 영생이라는 것은

우편집배원이 누릴 수 있는 목숨이나

영생이라는 것과 달라야만 되는 까닭,

이것을 똑바로 알 길이 없다는 이야기다.

시를 쓰는 사람의 심정의 움직임이라고 해서

유달리 남의 관심을 끌 만한 것은 못 된다.

성난 시인이라고 해서

상냥한 시인보다 더 호평을 받는다든가

혹평을 받아야 될 까닭은 없다.

겁 없이 웃고만 싶은 심경보다는

비장한 심혼心魂의 파문을

더 좋아해야 할 근거라는 것도 없는 법이다.

– 엔첸스베르거 (1929~)

– 엔첸스베르거 Hans Magnus Enzensberger, 1929~

독일의 작가. 작품으로 『수학귀신』, 『로베르트, 너 어디 있었니?』, 『달과 달팽이』, 『타이타
닉의 침몰』 등이 있다.

군말하지 마라.
언어가 없으면 시도 없다.
언어를 색칠하라.

— 김종해 (1941~)

부산 출생. 1963년 〈자유문학〉 신인문학상에 시 「저녁」이, 1965년 〈경향신문〉 신춘문예
에 「내란」이 당선되었다. 1966년 첫 시집 『인간의 악기』를 발표했으며, 시집 『항해일지』로
한국문학작가상을 수상했다.

시인, 시를 말하다

the Poet says

초판 1쇄 인쇄 2013년 6월 3일
초판 1쇄 발행 2013년 6월 12일

엮은이 고두현
펴낸이 김영범
펴낸곳 토트 · (주)북새통

편집주간 김난희
편집 정수미
마케팅 김병국, 추미선
관리 최보현, 남재희

디자인 su:

주소 서울시 마포구 서교동 465-4 광림빌딩 2층
대표전화 02-338-0117
팩스 02-338-7161
출판등록 2009년 3월 19일 제 315-2009-000018호
이메일 thothbook@naver.com

© 고두현, 2013

ISBN 978-89-94702-29-2 03100